Vida e Obra de

Allan Kardec

edson audi

LACHÂTRE

frase esculpida no túmulo de Allan Kardec:
"nascer, morrer, renascer ainda, e progredir sempre, tal é a lei"

É uma viagem, pelas mesmas calçadas,
Respirando as mesmas esquinas,
As mesmas janelas, dos vidros, dos livros,
Da biblioteca, da memória, memória de Rivail,
De Kardec, de Lyon, de Yverdon, de Paris.
Uma outra história.
Procurei te encontrar,
Te entender, compreender.
Olhei o teu olhar,
Tela, clics solitários,
Você nascia no ruído do pensamento.
Eu te vi, te observei,
Procurei passar aos outros
Aquilo que encontrei;
É uma parte,
É a que me cabe.

edson audi

"foi em Lyon que, a 3 de outubro de 1804, nasceu, com o nome de Rivail, aquele que devia mais tarde ilustrar o nome de Allan Kardec"

1804

Allan Kardec, pseudônimo de Hippolyte-Léon-Denizard Rivail, nasceu em Lyon, na França, às 19 horas do dia 3 de outubro de 1804.

Registro civil, segundo Henri Sausse (1927):

"Aos 12 do vindemiário do ano XIII [calendário republicano usado na França de 1793 a 1805], certifico o nascimento de Denizard-Hippolyte-Léon Rivail, nascido ontem às 7 horas da noite, filho de Jean-Baptiste-Antoine Rivail, magistrado, juiz, e Jeanne Duhamel, sua esposa, domiciliada em Lyon, rua Sala n.° 76.
O sexo da criança foi reconhecido como masculino.

Testemunhas maiores:

Syriaque-Frédéric Dittmar, diretor do estabelecimento das águas minerais da rua Sala, e Jean-François Targe, mesma rua Sala, à requisição do médico Pierre Radamel, rua Saint-Dominique, n° 78.

Feita a leitura, as testemunhas assinaram, assim como o prefeito da região do Midi.

O presidente do Tribunal,

(assinado): Mathiou."

No ano seguinte, em 15 de junho de 1805, Rivail foi batizado na igreja Saint-Denis de La Croix Rousse, pelo padre Barthe. No registro de batismo consta o seu nome como: Hippolyte-Léon-Denizard Rivail.

A antiga colônia romana de Lugdunum, hoje Lyon, foi fundada em 43 a.C.

rua Sala

Início da rua Sala e Ponte sobre o rio Saône

Cidade de Yverdon, na Suíça, onde funcionou o Instituto Pestalozzi entre 1805 e 1825.

Instituto Pestalozzi

L.-H.-D. Rivail (Allan Kardec) fez na cidade de Lyon os seus primeiros estudos.

Em 1814, com dez anos de idade, foi transferido para a Suíça, onde completou a sua bagagem escolar no Instituto Pestalozzi de Yverdon, fundado e dirigido pelo célebre professor Johann Heinrich Pestalozzi.

Descendente de uma família protestante, Pestalozzi estudou filosofia, direito e teologia, foi jornalista e escritor, mas é no Instituto de Yverdon que ele encontrou seu verdadeiro destino, o de educador. Apaixonado pela arte de ensinar e pela possibilidade de direcionar os jovens na investigação da verdade, Pestalozzi criou uma nova metodologia de ensino, onde aplicou teorias próprias e aprofundou, na prática, teses de Jean-Jacques Rousseau. No *canto do cisne*, ele nos confessa a influencia decisiva que *Emílio e o Contrato social* de Rousseau causaram em sua vida: "Os princípios de liberdade, exaltados por Rousseau e apresentados sob uma forma de ideal, fortaleceram em meu coração o desejo de encontrar um campo de ação mais vasto, onde pudesse ser útil ao povo."

Pestalozzi

Conforme nos conta Ackermann, também aluno de Pestalozzi em Yverdon, "o ensino ali era essencialmente heurístico, isto é, o aluno é conduzido a descobrir por si mesmo, tanto quanto possível por seu esforço pessoal, as coisas que estão ao alcance de sua inteligência, em vez de elas lhe serem ministradas dogmaticamente pelo método catequético".

Partindo do princípio de que: "a intuição é a fonte de todos os nossos conhecimentos", J. H. Pestalozzi fundou o edifício do ensino novo:

1 – "A intuição é o fundamento da instrução."

2 – "A linguagem deve estar ligada à intuição."

3 – "A época de ensinar não é a de julgar e criticar."

4 – "O ensino deve seguir a via do desenvolvimento e jamais, a da exposição dogmática."

5 – "A individualidade do aluno deve ser sagrada para o educador."

6 – "As relações entre mestre e aluno, sobretudo no que concerne à disciplina, devem ser fundadas no amor e por ele governadas."

O grande pensador e filósofo alemão J. Fichte, que visitou o Instituto de Yverdon, declarou nos seus célebres *Discursos à nação alemã*, pronunciados entre 1807 e 1808, que a reforma da educação devia tomar por ponto de partida o método de ensino de Pestalozzi, e acrescentava: "Do Instituto de Pestalozzi espero a salvação da Alemanha."

Johann Heinrich Pestalozzi, 1746 -1827, pedagogo suíço cujas teorias criaram as bases do ensino primário moderno.

"Aí nasceram as idéias que mais tarde o colocariam (Allan Kardec) na classe dos homens progressistas e dos livres-pensadores." (*Revue Spirite*, maio de 1869.)

Ali viveu "num pequeno universo humano, que o marcou para sempre, e a figura do mestre veio a ser para ele a própria imagem do chefe que dirige e educa os homens. Percebemos, então, por que a vida de Allan Kardec, que se identifica com a codificação do espiritismo prático, não é compreensível sem a vida escolar de Denizard-H.-L. Rivail". A. Moreil

“A intuição é o fundamento da instrução”

sala de Pestalozzi
no castelo de
Yverdon

Segundo Pestalozzi, o papel do pedagogo é o de desenvolver a individualidade da criança em lugar de simplesmente lhe transmitir conhecimentos. Suas idéias e métodos influenciaram vários dos sistemas de ensino primário do mundo ocidental.

Pestalozzi

Yverdon em 1899

Yverdon

"Não havia castigos nem recompensas. Pestalozzi não queria a emulação nem o medo. Só admitia a disciplina do dever, ou melhor, a da afeição, a do amor."

"Os alunos gozavam de grande liberdade; as portas do castelo permaneciam abertas o dia todo e sem porteiros. Podia-se sair e entrar a qualquer hora, como em toda casa de família simples, e as crianças quase não se prevaleciam disso. Eles tinham, em geral, dez horas de aula por dia, das seis da manhã às oito da noite, mas cada lição só durava uma hora e era seguida de pequeno intervalo, durante o qual,ordinariamente, se trocava de sala. Por outro lado, algumas dessas lições consistiam em ginástica ou em trabalhos manuais, como cartonagem e jardinagem. A última hora da jornada escolar, das sete às oito da noite, era livre." Roger de Guimps

o dia-a-dia no instituto

"A história, a literatura, todos os ramos dos conhecimentos humanos eram ensinados em Yverdon pelos homens mais notáveis", escreveu Augustin Cochin, ex-aluno do instituto.

Marc-Antoine Jullien nos fornece uma lista dos ensinamentos aplicados no Instituto: "Noções gerais de mineralogia, de botânica, de zoologia e de anatomia comparada; história natural; elementos de fisiologia e psicologia; lições de física experimental e de química; estudo de línguas: grego, latim, italiano, inglês, francês e alemão; matemática e aritmética superior; álgebra; geometria e trigonometria; mecânica, astronomia e geografia matemática, belas-artes, desenho, música, geografia política e civil, a geografia geral e a história civil, instrução religiosa e moral..."

estátua em homenagem
a Pestalozzi

“Pestalozzi pode ser considerado como o pai espiritual de Rivail, da mesma forma que Jean-Jacques Rousseau foi o pai espiritual de Pestalozzi”

Jean-Jacques Rousseau foi um grande renovador do sistema político e social de sua época, e é o pai da democracia moderna. Seu lema desde o princípio foi "dedicar sua vida à verdade", a verdade do sentimento, do bom senso e do raciocínio lógico. O pensamento de Rousseau age sobre nossos sentimentos e coopera para sua transformação e melhora.

Ele tratou a educação de uma nova maneira: "o homem natural" deve ser preservado, negando o pecado original. Com o livro *Émile*, ele aprofundou o princípio do respeito da liberdade interior, já evocado em sua obra anterior, o *Contrato social*. "A educação do homem começa no nascimento; antes de falar ou antes de ouvir, ele já se instrui."

O homem nasce livre, nos diz Rousseau, rejeitando toda autoridade apoiada sobre privilégios naturais ou sobre o direito do mais forte.

Jean-Jacques Rousseau,
escritor e filósofo suíço
1712-1778

As obras de Jean-Jacques Rousseau, como o *Contrato social* (1762), *Émile* (1762) e *Confissões* (1782) exerceram grande influência sobre o pensamento politico, nas teorias da educação, e deram uma impulsão ao romantismo do século XIX.

Homenagem a Rousseau no Pantheon de Paris

professor Rivail

Rivail residia na rua de La Harpe, em 1823

Não sabemos ao certo quando H.-L.-D. Rivail (Allan Kardec) deixou Yverdon na Suíça e retornou à França.

Em janeiro de 1823 ele já vivia em Paris à rue de La Harpe. Com apenas dezoito anos de idade, o jovem professor colocara em prática sua vocação para o magistério e a de tradutor de livros.

No final deste mesmo ano, em 6 de dezembro, a bibliografia da França registrava o aparecimento do seu primeiro livro: *o Curso prático e teórico de aritmética - por H.-L.-D. Rivail.*

o primeiro livro

COURS
Pratique et Théorique
D'ARITHMÉTIQUE,
D'APRÈS LA MÉTHODE DE PESTALOZZI,
AVEC DES MODIFICATIONS.

Contenant des exercices de calcul de tête pour tous les âges; un grand nombre d'applications; des questions théoriques sur les diverses parties de l'arithmétique, et qui peuvent servir d'examen; une table de la réduction des monnaies étrangères en monnaies françaises; une théorie des logarithmes, etc., etc.
Ouvrage également propre aux instituteurs et aux mères de famille qui veulent donner à leurs enfants les premières notions de cette science, et dans lequel on n'a rien négligé de tout ce qui pouvait en rendre l'utilité plus générale.

PAR H. L. D. RIVAIL,
DISCIPLE DE PESTALOZZI.

s'agit pas d'être plus savant, mais mieux savant.
MONTAIGNE.

ME PREMIER.

A PARIS,
DE L'IMPRIMERIE DE PILLET AINÉ,
ÉDITEUR DE LA COLLECTION DES MŒURS FRANÇAISES,
RUE CHRISTINE, N° 5.
1824.

Lançado em dois volumes e elaborado em harmonia com o sistema pestalozziano, o professor Rivail procurava, com esta obra, introduzir as crianças no conhecimento dessa ciência, através de uma instrução sólida e acessível, dando um sentido prático e utilitário.

O *Curso prático e teórico de aritmética* de Rivail, surpreendeu todos pela qualidade pedagógica, teve rápida aceitação e o sucesso foi imediato. Com duas edições no mesmo ano de 1824, o livro continuou sendo editado até o ano de 1876.

magnetizador

Ainda no mesmo ano de 1823, interessado pelo mesmerismo ou magnetismo animal, Rivail começa a freqüentar os trabalhos da Sociedade de Magnetismo de Paris, vindo a ser, ele próprio, um magnetizador.

Magnetismo: teoria de Franz Anton Mesmer, médico austríaco (1733-1815), segundo a qual todo ser vivo seria dotado de um fluido magnético capaz de se transmitir a outros indivíduos, estabelecendo-se assim influências psicossomáticas recíprocas, inclusive com fins terapêuticos.

Franz Anton Mesmer (1733-1815)

diretor de escola

No ano de 1825, Rivail, agora com vinte e um anos de idade, dirige a "Escola de Primeiro Grau", onde segue os métodos de seu mestre Pestalozzi.

Possuidor do título de professor e de "Chefe de Instituição" da Academia de Paris, Rivail estava autorizado a fundar e dirigir escolas, pensionatos e instituições, pelo grão-mestre da universidade e ministro da Instrução Pública da França.

Em 1826, ele fundou o Instituto Técnico Rivail, modelado no recém-extinto Instituto de Yverdon. A instituição foi criada com o apoio financeiro de um de seus tios maternos, e se situava em um dos melhores endereços de Paris, à rua de Sèvres, n.° 35. Conduzida com seriedade e usando uma metodologia inovadora, a instituição produziu rapidamente os resultados desejados, conseguindo um relativo sucesso.

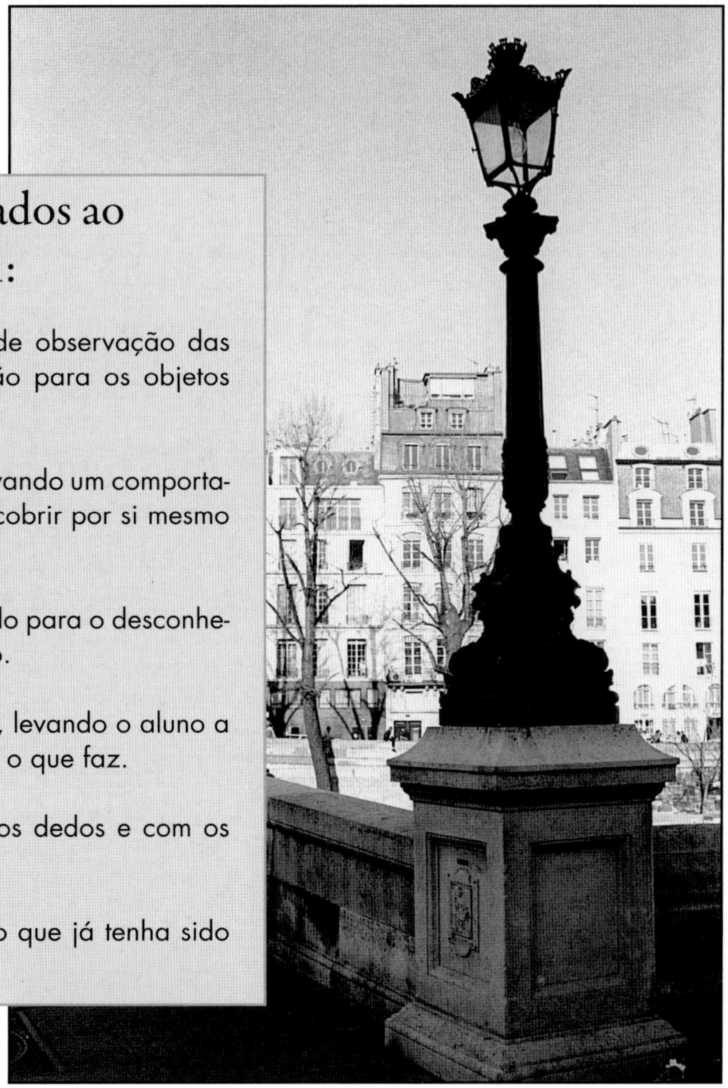

Seis princípios adequados ao ensino segundo Rivail:

1° – Cultivar o espírito natural de observação das crianças, dirigindo-lhes a atenção para os objetos que as cercam.

2° – Cultivar a inteligência, observando um comportamento que habilite o aluno a descobrir por si mesmo as regras.

3° – Proceder sempre do conhecido para o desconhecido, do simples para o composto.

4° – Evitar toda atitude mecânica, levando o aluno a conhecer o fim e a razão de tudo o que faz.

5° – Conduzi-lo a apalpar com os dedos e com os olhos todas as verdades.

6° – Só confiar à memória aquilo que já tenha sido apreendido pela inteligência.

rua de Vaugirard

em 1828, Rivail residia na rua de Vaugirard, n° 65

n° 65 da rua de Vaugirard

Plano proposto para a melhoria da educação pública

"Todo mundo fala da importância da educação, mas, para a maioria, esta palavra tem um significado extremamente vago, porque poucas pessoas chegaram a fazer uma idéia precisa de tudo o que ela abarca. Vê-se-a geralmente apenas no sistema de estudos e este erro é uma das principais causas do pouco progresso que ela realizou. Uma outra causa desse atraso prende-se a um preconceito geralmente aceito contra tudo o que se liga a esta profissão, o que afasta grande número de homens que, por seu mérito, poderiam contribuir para o seu progresso.

A educação é a arte de formar os homens; isto é, a arte de fazer eclodir neles os germes da virtude e abafar os do vício; de desenvolver sua inteligência e de lhes dar instrução própria às suas necessidades; enfim, de formar o corpo e de lhe dar força e saúde. Numa palavra, a meta da educação consiste no desenvolvimento simultâneo das faculdades morais, físicas e intelectuais. Eis o que todos repetem, mas o que não se pratica. É preciso procurar a causa primeira disso na ignorância em que se está sobre os meios próprios a se operar esse desenvolvimento. Tornar-se-á um homem médico, ensinando-lhe que ele deve curar seus doentes? Assim, pode alguém se gabar de estar apto a formar os homens, se sabe apenas que se trata de formar o coração, o espírito e o corpo e ignora os meios de alcançar isso? Nisso, como em todas as outras coisas, não basta conhecer o objetivo a ser atingido, é preciso ainda conhecer perfeitamente o caminho que se deve percorrer". (Rivail, H.-L.-D. Textos pedagógicos. Editora Comenius, 1ª ed., 1998, São Paulo, p. 15.)

Rivail dedicou sua vida à educação, convencido de que, só através dela, poderemos melhorar o ser humano.

Plano proposto para a melhoria
da educação pública

por H.-L.-D. Rivail

Discípulo de Pestalozzi, diretor de escola
da Academia de Paris, membro de diversas
sociedades científicas.

Os meios próprios para se educar a juventude
são uma ciência bem distinta que se deveria
estudar para ser educador, como se estuda
medicina para ser médico.

Paris
Dentu, Livraria no Palais Royal.
E com o autor, rua de Vaugirard, n° 65
1828

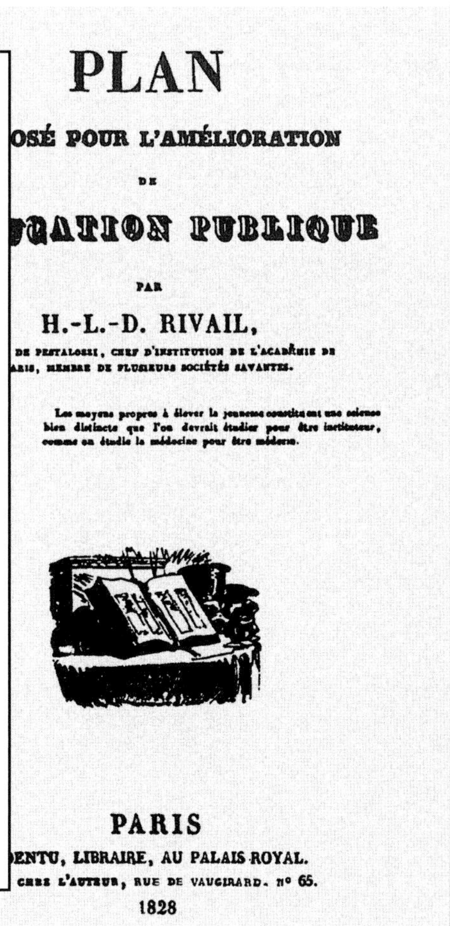
PLAN
OSÉ POUR L'AMÉLIORATION
DE
CATION PUBLIQUE
PAR
H.-L.-D. RIVAIL,
DE PESTALOZZI, CHEF D'INSTITUTION DE L'ACADÉMIE DE
ARIS, MEMBRE DE PLUSIEURS SOCIÉTÉS SAVANTES.

Les moyens propres à élever la jeunesse constituent une science bien distincte que l'on devrait étudier pour être instituteur, comme on étudie la médecine pour être médecin.

PARIS
ENTU, LIBRAIRE, AU PALAIS-ROYAL.
CHEZ L'AUTEUR, RUE DE VAUGIRARD, n° 65.
1828

1831, três novos livros:

– Memória sobre a instrução pública foi enviado à comissão encarregada pelo governo de preparar um projeto de lei sobre o ensino.

– Gramática francesa clássica de acordo com um novo plano, em cujas páginas revelara profundo conhecimento lingüístico.

– Qual o sistema de estudos mais em harmonia com as necessidades da época? trata da reforma dos estudos clássicos, premiada pela Real Academia de Ciências de Arrás, em 1831.

o casamento com Amélie

Nesse mesmo ano de 1831, Rivail conheceu aquela que seria sua companheira e principal colaboradora, a professora de letras e belas-artes Amélie-Gabrielle Boudet.

Alguns meses depois, no dia 9 de fevereiro de 1832, eles se casaram e passaram a residir no Instituto Técnico Rivail, que se situava na rua de Sèvres n° 35.

Amélie-Gabrielle Boudet,
esposa de Allan Kardec, foto de 1882

no discurso de Rivail

Paris, 14 de agosto de 1834, Instituto Técnico Rivail; aproveitando o fim do ano escolar, no dia da distribuição de prêmios, Rivail pronunciou um importante discurso, que mais tarde foi publicado:

"Senhores,

Venho, segundo meus hábitos, aproveitar esta solenidade para vos prestar contas da minha gestão. Ansioso por justificar vossa confiança, esforço-me por reformar o que me parece defeituoso, por acrescentar o que me parece útil, por aproveitar numa palavra as observações que faço todos os dias; pois a educação é a obra da minha vida, e todos os meus instantes são empregados em meditar sobre esta matéria; feliz quando encontro algum meio novo ou quando descubro novas verdades.(...)

a arte de educar

A instrução de uma criança não consiste apenas na aquisição desta ou daquela ciência, mas no desenvolvimento geral da inteligência; a inteligência se desenvolve na proporção das idéias adquiridas, e quanto mais idéias se têm, mais apto se é a adquirir novas. A arte do professor consiste na maneira de apresentar estas idéias, no talento segundo o qual ele sabe graduá-las, classificá-las e apropriá-las à natureza da inteligência. Como o hábil jardineiro, ele deve conhecer o terreno em que semeia, pois o espírito da criança é um verdadeiro terreno cuja natureza é preciso estudar; e assim como o talento do jardineiro não se limita a saber colocar plantas na terra, assim o do professor não se limita a fazer aprender os rudimentos.(...)

Para bem ensinar, é preciso conhecimentos especiais, independentemente da ciência que se queira transmitir; é preciso conhecer a fundo a natureza do espírito das crianças, a ordem e a maneira segundo as quais se desenvolvem as faculdades, as modificações da inteligência segundo a idade, as relações entre o físico e o psíquico; o efeito das influências exteriores, as causas que podem apressar ou atrasar o desenvolvimento das faculdades; as doenças do espírito, se assim posso me exprimir; a ordem segundo a qual nascem as idéias, a maneira pela qual se encadeiam, aquelas que devem servir de fundamento às outras; calcular a força do espírito e a possibilidade de conceber tais ou quais idéias; conhecer enfim os meios mais próprios a desenvolvê-las.

Mas isto ainda não basta; é preciso ainda um tato particular, inato por assim dizer; uma arte que não se aprende.

Vê-se pois que a ciência do professor é toda filosófica, e que ela exige muitos estudos da parte daquele que se lhe entrega. Estou longe de ter traçado nestas poucas palavras um quadro completo da ciência pedagógica; toquei-a apenas de leve, pois o detalhamento de todos os conhecimentos que ela abrange seria imenso." (*Id. ibidem*, pp. 78-79.)

rua de Sèvres

tempos difíceis

O tio e sócio capitalista de Rivail no Instituto de Educação, perdidamente apaixonado pelo jogo, vinha há algum tempo adquirindo uma grande dívida. Em 1834, fortemente pressionado pelos credores e sem meios para poder honrar seus débitos, se viu obrigado a exigir sua parte em dinheiro, pelos seus direitos no instituto. Rivail, não dispondo da quantia necessária em caixa, colocou à venda o estabelecimento de ensino. O sonho do professor acabara. No final da operação financeira, coube a cada um dos sócios quarenta e cinco mil francos, uma pequena fortuna para a época.

Infelizmente as más notícias não pararam por aí. Rivail e Amélie confiaram, como forma de investimento, sua parte do dinheiro a um grande amigo e negociante. Alguns meses depois, devido a uma desastrosa seqüência de maus negócios, o amigo empresário faliu e nada deixou aos credores. O professor e sua esposa ficaram sem um níquel.

a recuperação

"Longe de desanimar com esse duplo revés, o Sr. e Sra. Rivail lançaram-se corajosamente ao trabalho. Ele encontrou e pôde encarregar-se da contabilidade de três empresas, que lhe produziam cerca de sete mil francos por ano; e, terminado o seu dia, escrevia, à noite, gramáticas, aritméticas, livros para estudos pedagógicos superiores; traduzia livros e preparava todos os cursos de Levy-Alvarès, a famosa escola do *faubourg* Saint-Germain. Organizaram também em sua casa, à rua de Sèvres, de 1835 a 1840, cursos gratuitos [para os alunos pobres] de química, física, astronomia e anatomia comparada, eram bem freqüentados. [...] Encontraremos o professor Rivail em 1849 no Liceu Polimático, regendo as cadeiras de Fisiologia, Astronomia, Química e Física. Em uma obra muito apreciada resume seus cursos, e depois publica: *Ditados normais dos exames na Municipalidade e na Sorbonne; Ditados especiais sobre as dificuldades ortográficas*. Tendo obras adotadas pela Universidade de França, e vendendo-se abundantemente, pôde Rivail conseguir, graças a elas e ao seu assíduo trabalho, uma modesta fortuna. Seu nome era conhecido e respeitado, seus trabalhos justamente apreciados, muito antes que ele imortalizasse o nome de Allan Kardec." (Sausse, Henri. Biografia de Allan Kardec. In: *O que é o espiritismo*. FEB, 36ª edição, Rio de Janeiro, 1993, pp. 13 e 14).

perfil de Rivail

Rivail foi um burguês liberal, convencido pelo ideal republicano de liberdade, igualdade e fraternidade, e pertenceu à geração dos socialistas utópicos que foram frustrados pelos fracassos da revolução de 1848.

Para criar uma nova humanidade, pensava ele, seria necessário criar uma nova criança, e, para isto, teremos que confiar na ciência. Reformador e otimista convencido, herdeiro das idéias progressistas do século XVIII, procurava mudar o mundo, apoiando-se sobre as descobertas da ciência e da educação. Rivail se situava no movimento do positivismo e do evolucionismo de sua época.

Rivail acreditava que aquele que estudar as ciências "rirá da credulidade supersticiosa dos ignorantes... Ele não mais crerá em almas do outro mundo e em fantasmas. Não mais tomará fogos-fátuos por espíritos".

Rivail aos vinte e cinco anos

As mesas girantes e os precursores do espiritismo

"Numerosos foram os precursores do Espiritismo que evidenciaram a comunicação dos supostos mortos com os vivos da Terra, revelando-nos um novo mundo de conhecimentos até então semi-ocultos aos homens.

As visões do sábio sueco **Swedenborg**, as profecias de **Cagliostro**, ou os fenômenos mediúnicos produzidos em 1840, na Alemanha, pelo médium inconsciente **Gottlieben-Dittus**; a clariaudiência, de **Charles-Louis** [que dizia ser o delfim Luís XVII], do qual foram publicados, de 1839 a 1841, interessantes livros "revelados"; as retumbantes comunicações dos Espíritos obtidas desde 1840 por intermédio da sonâmbula **Adèle Maginot**, sob a orientação de **Afonso Cahagnet**, que editorou a partir de 1847 os *Arcanos da Vida Futura desvendados;* as notáveis manifestações, mediúnicas da famosa vidente de Prevorst registradas pelo reputado **Dr. Kerner**, em 1829; os fenômenos com o pastor escocês **Eduardo Irving**; os extraordinários poderes mediúnicos de **André Jackson Davis**, que, em 1847, em transe, recebeu *The Principles of Nature, her Divine Revelation*, obra que predizia para breve, a comunicação ostensiva dos Espíritos, numa demonstração exuberante da imortalidade; dezenas de outros nomes e fatos vinham confirmando, cada vez mais claramente, a verdade milenária da comunicação dos seres que partiram com os que ficaram.

Não iremos relatar a interessantíssima história das pancadas e dos ruídos misteriosos, *rappings, noises e knockings*, que, segundo a descrição da Sra. **Emma Hardinge Britten**, principiaram em fins de 1844 na aldeia de Hydesville, Condado de Wayne, no Estado de Nova Iorque, numa casa em que residiam os Weekmans, manifestações que continuaram após a saída do antigo dono e a entrada da **família Fox**, em 11 de Dezembro de 1847. Não discorreremos sobre os empolgantes acontecimentos que conduziram à primeira conversação com os autores dos ruídos insólitos, em 31 de Março de 1848, data que ficou gravada em letras inapagáveis no movimento espírita-espiritualista mundial. E nem buscaremos descrever as primeiras demonstrações públicas, com as irmãs Fox, iniciadas aos 14 de Novembro de 1849, no *Corinthian Hall*, o maior salão de Rochester, e das quais resultou a organização do primeiro núcleo de estudantes do Espiritualismo moderno. Acredita-se que o irmão do Sr. Fox, David S. Fox, tenha sido o primeiro a usar o alfabeto, em Hydesville, para comunicações sistemáticas com os Espíritos, mas foi **Isaac Post**, membro estimado da Sociedade dos Quakers, quem o divulgou, dele se utilizando em Rochester. Dizendo

família Fox

em voz alta o alfabeto, convidava-se o Espírito a indicar por raps ou echoes, no momento em que fossem pronunciadas, as letras que, reunidas, deviam compor as palavras que queria dizer. Estava descoberta a 'telegrafia espiritual'.

[...] **Os anos 1848-1849 foram, segundo a expressão fiel de Eugênio Nus, 'a fase de incubação do modern spiritualism, o futuro espiritismo na Europa'**. Terminadas as. investigações públicas em Rochester, com a afirmação da veracidade de fenômenos diversos, entre eles o da mesa movente *(table-moving)*, testemunhados por respeitáveis personalidades, como os reverendos C. Haumond e E. Phelps, este Doutor em Teologia, cresceu a agitação em torno deles, e a imprensa estadunidense divulgou-os de uma à outra extremidade da União, tanto que antes de findar o ano de 1850 o modern spiritualism já havia invadido alguns Estados da União, e Nova Iorque contava numerosos Centros." (Wantuil, Zêus. *As mesas girantes e o espiritismo*. FEB, 1ª edição, Rio de Janeiro, 1958, pp. 5-7.)

L'Illustration,
Paris, 14 de maio de 1853,
Crônica do famoso crítico
e literato francês Júlio Janin:

"Toda a Europa, que digo eu, a Europa?, neste momento o mundo inteiro tem o espírito voltado para uma experiência que consiste em fazer girar uma mesa. Só se ouve falar, por toda parte, da mesa que gira; o próprio Galileu fez menos ruído no dia em que ele provou ser realmente a Terra quem girava em tomo do Sol. Ide por aqui, ide, por ali, nos grandes salões, nas mais humildes mansardas, no atelier do pintor, em Londres, em Paris, em Nova York, em São Petersburgo, e vereis pessoas gravemente assentadas em torno de uma mesa vazia, que elas contemplam à semelhança daqueles crentes que passam a vida a olhar seus umbigos! Oh! a mesa! ela fez tábua rasa dos nossos prazeres de todas as tardes." (*Id. ibidem*, pp. 59-60.)

Revue des Deux Mondes,
Paris, 14 de Maio de 1853:

"Vede a que estranho passatempo uma sociedade pode entregar-se com paixão, com toda a paixão da ociosidade moral e intelectual! Ela se acha presentemente enamorada do magnetismo e da magia, limitando-se a ver mesas e chapéus que giram pela virtude soberana do fluido magnético, como se Mesmer e Cagliostro ainda vivessem!
Que girem os chapéus e as mesas, bela invenção realmente! E o pobre cérebro humano, não gira ele também?" (*Id. ibidem*, p. 60.)

Paris

Jornal *La Patrie*
Paris, 18 de Maio de 1853 :

"Aqueles que giram mesa e chapéus são quase todos de boa-fé; mas eles se enganam ao crerem que é por um ato de sua própria vontade ou por uma efusão de fluido magnético que fazem girar o objeto inanimado posto sob seus dedos.
Tudo é devido a uma ação muscular imperceptível a eles mesmos e a todas as demais pessoas. Trata-se de um movimento vibratório, emanado de milhares de pequenos ramos nervosos... Acrescei a isto a fadiga, a umidade das mãos, e tereis uma explicação, senão completamente satisfatória, pelo menos bem plausível do fenômeno de que nos ocupamos." (*Id. ibidem*, pp. 61-62.)

“a minha primeira iniciação no espiritismo”

contém textos manuscritos por Allan Kardec

“foi em 1854 que pela primeira vez ouvi falar das mesas girantes”

"Encontrei um dia o magnetizador, Senhor Fortier, a quem eu conhecia desde muito tempo e que me disse: – Já sabe da singular propriedade que se acaba de descobrir no Magnetismo? Parece que já não são somente as pessoas que se podem magnetizar, mas também as mesas, conseguindo-se que elas girem e caminhem à vontade. — É com efeito, muito singular, respondi; mas, a rigor, isso não me parece radicalmente impossível. O fluido magnético, que é uma espécie de eletricidade, pode perfeitamente atuar sobre os corpos inertes e fazer que eles se movam.

Algum tempo depois, encontrei-me novamente com o Sr. Fortier, que me disse: – Temos uma coisa muito mais extraordinária; não só se consegue que uma mesa se mova, magnetizando-a, como também que fale. Interrogada, ela responde. — Isto agora, repliquei-lhe, é outra questão. Só acreditarei quando o vir e quando me provarem que uma mesa tem cérebro para pensar, nervos para sentir e que possa tornar-se sonâmbula. Até lá, permita que eu não veja no caso mais do que um conto para fazer-nos dormir em pé.

Era lógico este raciocínio: eu concebia o movimento por efeito de uma força mecânica, mas, ignorando a causa e a lei do fenômeno, afigurava-se-me absurdo atribuir-se inteligência a uma coisa puramente material. Achava-me na posição dos incrédulos atuais, que negam porque apenas vêem um fato que não compreendem.

Há cinqüenta anos, se a alguém dissessem, pura e simplesmente, que se podia transmitir um despacho telegráfico a quinhentas léguas e receber a resposta dentro de uma hora, esse alguém se riria e não teriam faltado excelentes razões científicas para provar que semelhante coisa era materialmente impossível. Hoje, quando já se conhece a lei da eletricidade, isso a ninguém espanta, nem sequer ao camponês.

O mesmo se dá com todos os fenômenos espíritas. Para quem quer que não conheça a lei que os rege, eles parecem sobrenaturais, maravilhosos e, por conseguinte, impossíveis e ridículos. Uma vez conhecida a lei, desaparece a maravilha, o fato deixa de ter o que repugne à razão, porque se prende à possibilidade de ele produzir-se. Eu estava, pois, diante de um fato inexplicado, aparentemente contrário às leis da Natureza e que a minha razão repelia. Ainda nada vira, nem observara; as experiências, realizadas em presença de pessoas honradas e dignas de fé, confirmavam a minha opinião, quanto à possibilidade do efeito puramente material; a idéia, porém, de uma 'mesa falante' ainda não me entrara na mente." (Kardec, Allan. *Obras póstumas*. FEB, 17ª edição, Rio de Janeiro, 1978, pp. 265-266.)

Allan Kardec

“foi aí que, pela
primeira vez,
presenciei o
fenômeno das
mesas que giravam”

"minhas idéias estavam longe de precisar-se, mas havia ali um fato que necessariamente decorria de uma causa"

rua de la Grange-Batelière, n°18

"No ano seguinte, estávamos em começo de 1855, encontrei-me com o Sr. Carlotti, amigo de vinte e cinco anos, que me falou daqueles fenômenos (das mesas), durante cerca de uma hora, com o entusiasmo que consagrava a todas as idéias novas. Ele era natural da Córsega, de temperamento ardoroso e enérgico, e eu sempre lhe apreciara as qualidades que distinguem uma grande e bela alma, porém desconfiava da sua exaltação. Foi o primeiro que me falou na intervenção dos Espíritos e me contou tantas coisas surpreendentes que, longe de me convencer, me aumentou as dúvidas. Um dia, o senhor será dos nossos, concluiu. Não direi que não, respondi-lhe; veremos isso mais tarde."

"eu entrevia, naquelas aparentes futilidades, no passatempo que faziam daqueles fenômenos, qualquer coisa de sério, como que a revelação de uma nova lei, que tomei a mim estudar a fundo"

Sra. Plainemaison

"Passado algum tempo, pelo mês de maio de 1855, fui à casa da sonâmbula Sra. Roger, em companhia do Sr. Fortier, seu magnetizador. Lá encontrei o Sr. Pâtier e a Sra. Plainemaison, que daqueles fenômenos me falaram no mesmo sentido em que o Sr. Carlotti se pronunciara, mas em tom muito diverso. O Sr. Pâtier era funcionário público, já de certa idade, muito instruído, de caráter grave, frio e calmo; sua linguagem pausada, isenta de todo entusiasmo, produziu em mim viva impressão e, quando me convidou a assistir às experiências que se realizavam em casa da Sra. Plainemaison, à rua Grange-Batelière, 18, aceitei imediatamente. A reunião foi marcada para uma terça-feira de maio às oito horas da noite. Foi aí que, pela primeira vez, presenciei o fenômeno das mesas que giravam, saltavam e corriam em condições tais que não deixavam lugar para qualquer dúvida. Assisti então a alguns ensaios, muito imperfeitos, de escrita mediúnica numa ardósia, com o auxílio de uma cesta. Minhas idéias estavam longe de precisar-se, mas havia ali um fato que necessariamente decorria de uma causa." (*Id. ibidem*, pp. 266-267.)

maio de 1855

"Bem depressa, ocasião se me ofereceu de observar mais atentamente os fatos, como ainda o não fizera. Numa das reuniões da Sra. Plainemaison, travei conhecimento com a família Baudin, que residia então à rua de Rochechouart.

O Sr. Baudin me convidou para assistir às sessões hebdomadárias que se realizavam em sua casa e às quais me tornei desde logo muito assíduo.

Eram bastante numerosas essas reuniões; além dos freqüentadores habituais, admitiam-se todos os que solicitavam permissão para assistir a elas. Os médiuns eram as duas senhoritas Baudin, que escreviam numa ardósia com o auxílio de uma cesta, chamada carrapeta e que se encontra descrita em *O Livro dos Médiuns* (uma cestinha de quinze a vinte centímetros de diâmetro, de madeira ou de vime, a substância pouco importa, se fizermos passar pelo fundo dessa cesta um lápis e o prendermos bem, com a ponta de fora e para baixo; se mantivermos o aparelho assim formado em equilíbrio sobre a ponta do lápis, apoiado este sobre uma folha de papel, e apoiarmos os dedos nas bordas da cesta, ela se porá em movimento; mas, em vez de girar, fará que o lápis percorra, em diversos sentidos, o papel, traçando ou riscos sem significação, ou letras. Kardec, Allan. *O livro dos médiuns*. FEB, 32ª edição, Rio de Janeiro, 1975, p. 191). Esse processo, que exige o concurso de duas pessoas, exclui toda possibilidade de intromissão das idéias do médium. Aí, tive ensejo de ver comunicações contínuas e respostas a perguntas formuladas, algumas vezes, até, a perguntas mentais, que acusavam, de modo evidente, a intervenção de uma inteligência estranha. Eram geralmente frívolos os assuntos tratados. Os assistentes se ocupavam, principalmente, de coisas respeitantes à vida material, ao futuro, numa palavra, de coisas que nada tinham de realmente sério; a curiosidade e o divertimento eram os móveis capitais de todos.

Dava o nome de Zéfiro o Espírito que costumava manifestar-se, nome perfeitamente acorde com o seu caráter e com o da reunião. Entretanto, era muito bom e se dissera protetor da família. Se com freqüência fazia rir, também sabia, quando preciso, dar ponderados conselhos e manejar, se ensejo se apresentava, o epigrama, espirituoso e mordaz. Relacionamo-nos de pronto e ele me ofereceu constantes provas de grande simpatia. Não era um Espírito muito adiantado, porém, mais tarde, assistido por Espíritos superiores, me auxiliou nos meus trabalhos. Depois, disse que tinha de reencarnar e dele não mais ouvi falar." (*Id. ibidem*, pp. 267-268.)

rua de Rochechouart

família Baudin

“foi nessas reuniões que comecei os meus estudos sérios de Espiritismo”

"Até ali, as sessões em casa do Sr. Baudin nenhum fim determinado tinham tido. Tentei lá obter a resolução dos problemas que me interessavam, do ponto de vista da Filosofia, da Psicologia e da natureza do mundo invisível. Levava para cada sessão uma série de questões preparadas e metodicamente dispostas. Eram sempre respondidas com precisão, profundeza e lógica.

A partir de então, as sessões assumiram caráter muito diverso. Entre os assistentes contavam-se pessoas sérias, que tomaram por elas vivo interesse e, se me acontecia faltar, ficavam sem saber o que fazer. As perguntas fúteis haviam perdido, para a maioria, todo atrativo.

Eu, a princípio, cuidara apenas de instruir-me; mais tarde, quando vi que aquilo constituía um todo e ganhava as proporções de uma doutrina, tive a idéia de publicar os ensinos recebidos, para instrução de toda a gente. Foram aquelas mesmas questões que, sucessivamente desenvolvidas e completadas, constituíram a base de O Livro dos Espíritos. (*Id. ibidem*, pp. 269-270.)

Foi nessas reuniões que comecei os meus estudos sérios de Espiritismo, menos, ainda, por meio de revelações, do que de observações. Apliquei a essa nova ciência, como o fizera até então, o método experimental; nunca elaborei teorias preconcebidas; observava cuidadosamente, comparava, deduzia conseqüências; dos efeitos procurava remontar às causas, por dedução e pelo encadeamento lógico dos fatos, não admitindo por válida uma explicação, senão quando resolvia todas as dificuldades da questão. [...] Compreendi, antes de tudo, a gravidade da exploração que ia empreender; percebi, naqueles fenômenos, a chave do problema tão obscuro e tão controvertido do passado e do futuro da Humanidade, a solução que eu procurara em toda a minha vida. Era, em suma, toda uma revolução nas idéias e nas crenças; fazia-se mister, portanto, andar com a maior circunspeção e não levianamente; ser positivista e não idealista, para não me deixar iludir." (*Id. ibidem*, p. 268.)

“percebi, naqueles fenômenos, a chave do problema tão obscuro e tão controvertido do passado e do futuro da Humanidade, a solução que eu procurara em toda a minha vida”

"ele se chamava, então, Allan Kardec"

"Uma noite, seu Espírito protetor, Z., deu-lhe, por um médium, uma comunicação toda pessoal, na qual lhe dizia, entre outras coisas, tê-lo conhecido em uma precedente existência, quando, ao tempo dos Druidas, viviam juntos nas Gálias. Ele se chamava, então, Allan Kardec e, como a amizade que lhe havia votado só fazia aumentar, prometia-lhe esse Espírito secundá-lo na tarefa muito importante a que ele era chamado, e que facilmente levaria a termo." Henri Sausse (*Op. cit.* p. 18.)

rue de Rochechouart

Allan Kardec

"a chave de inúmeros fenômenos até então inexplicados"

"Um dos primeiros resultados que colhi das minhas observações foi que os Espíritos, nada mais sendo do que as almas dos homens, não possuíam nem a plena sabedoria, nem a ciência integral; que o saber de que dispunham se circunscrevia ao grau que haviam alcançado de adiantamento, e que a opinião deles só tinha o valor de uma opinião pessoal.

Reconhecida desde o princípio, esta verdade me preservou do grave escolho de crer na infalibilidade dos Espíritos e me impediu de formular teorias prematuras, tendo por base o que fora dito por um ou alguns deles. O simples fato da comunicação com os Espíritos, dissessem eles o que dissessem, provava a existência do mundo invisível ambiente. Já era um ponto essencial, um imenso campo aberto às nossas explorações, a chave de inúmeros fenômenos até então inexplicados. O segundo ponto, não menos importante, era que aquela comunicação permitia se conhecessem o estado desse mundo, seus costumes, se assim nos podemos exprimir. Vi logo que cada Espírito, em virtude da sua posição pessoal e de seus conhecimentos, me desvendava uma face daquele mundo, do mesmo modo que se chega a conhecer o estado de um país, interrogando habitantes seus de todas as classes, não podendo um só, individualmente, informar-nos de tudo. Compete ao observador formar o conjunto, por meio dos documentos colhidos de diferentes lados, colecionados, coordenados e comparados uns com outros. Conduzi-me, pois, com os Espíritos, como houvera feito com homens. Para mim, eles foram, do menor ao maior, meios de me informar e não reveladores predestinados. Tais as disposições com que empreendi meus estudos e neles prossegui sempre. Observar, comparar e julgar, essa a regra que constantemente segui." (*Id. ibidem*, p. 269.)

uma nova realidade

Morava eu, por essa época, na rua des Martyrs, n.° 8, no segundo andar, ao fundo. Uma noite, estando no meu gabinete a trabalhar, pequenas pancadas se fizeram ouvir na parede que me separava do aposento vizinho. A princípio, nenhuma atenção lhes dei; como, porém, elas se repetissem mais fortes, mudando de lugar, procedi a uma exploração minuciosa dos dois lados da parede, escutei para verificar se provinham do outro pavimento e nada descobri. O que havia de singular era que, de cada vez que eu me punha a investigar, o ruído cessava, para recomeçar logo que eu retomava o trabalho. Minha mulher entrou da rua por volta das dez horas; veio ao meu gabinete e, ouvindo as pancadas, me perguntou o que era. Não sei, respondi-lhe, há uma hora que isto dura. Investigamos juntos, sem melhor êxito. O ruído continuou até à meia-noite, quando fui deitar-me.

No dia seguinte, como houvesse sessão em casa do Sr. Baudin, narrei o fato e pedi que mo explicassem.

Pergunta — Ouvistes, sem dúvida, o relato que acabo de fazer; poderíeis dizer-me qual a causa daquelas pancadas que se fizeram ouvir com tanta persistência?
Resposta — Era o teu Espírito familiar.
P. — Com que fim foi ele bater daquele modo?
R. — Queria comunicar-se contigo.
P. — Poderíeis dizer-me quem é ele?
R. — Podes perguntar-lhe a ele mesmo, pois que está aqui.

"em casa do Sr. Baudin; médium: Srta. Baudin"

nota — Nessa época, ainda se não fazia distinção nenhuma entre as diversas categorias de Espíritos simpáticos. Dava-se-lhes a todos a denominação de Espíritos familiares.
P. — Meu Espírito familiar, quem quer que tu sejas, agradeço-te o me teres vindo visitar. Consentirás em dizer-me quem és?
R. — Para ti, chamar-me-ei A Verdade e todos os meses, aqui, durante um quarto de hora, estarei à tua disposição. [...]
P. — O nome Verdade, que adotaste, constitui uma alusão à verdade que eu procuro?
R. — Talvez; pelo menos, é um guia que te protegerá e ajudará.
P. — Poderei evocar-te em minha casa?
R. — Sim, para te assistir pelo pensamento; mas, para respostas escritas em tua casa, só daqui a muito tempo poderás obtê-las. [...]
P. — Terás animado na Terra alguma personagem conhecida?
R. — Já te disse que, para ti, sou a Verdade; isto, para ti, quer dizer discrição; nada mais saberás a respeito." (*Id. ibidem*, pp. 273-275.)

"para ti, chamar-me-ei A Verdade e todos os meses, aqui, durante um quarto de hora, estarei à tua disposição"

25 de março de 1856

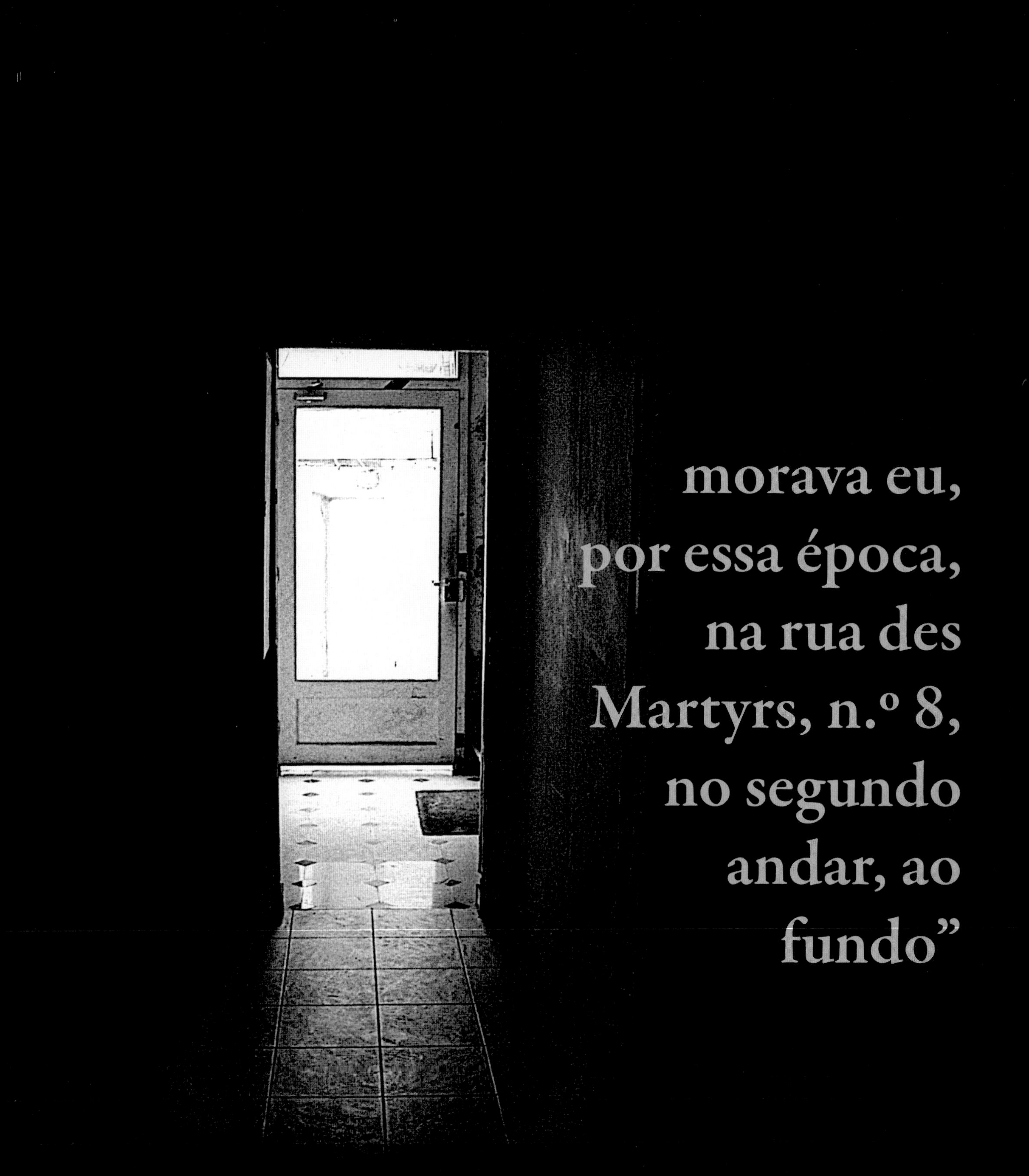

morava eu,
por essa época,
na rua des
Martyrs, n.º 8,
no segundo
andar, ao
fundo”

9e Arrt
RUE
DES
MARTYRS

"No ano seguinte, em 1856, freqüentei ao mesmo tempo as reuniões espíritas que se celebravam à rua Tiquetonne, em casa do Sr. Roustan e Srta. Japhet, sonâmbula. Eram sérias essas reuniões e se realizavam com ordem. As comunicações eram transmitidas por intermédio da Srta. Japhet, médium, com auxílio da cesta de bico." (*Id. ibidem*, p. 270.)

"7 de maio de 1856, em casa do Sr. Roustan; médium: Srta. Japhet"

"Pergunta (a Hahnemann) — Outro dia, disseram-me os Espíritos que eu tinha uma importante missão a cumprir e me indicaram o seu objeto. Desejaria saber se confirmas isso.
Resposta — Sim e, se observares as tuas aspirações e tendências e o objeto quase constante das tuas meditações, não te surpreenderás com o que te foi dito. Tens que cumprir aquilo com que sonhas desde longo tempo. É preciso que nisso trabalhes ativamente, para estares pronto, pois mais próximo do que pensas vem o dia.
P. — Para desempenhar essa missão tal como a concebo, são-me necessários meios de execução que ainda não se acham ao meu alcance.
R. — Deixa que a Providência faça a sua obra e serás satisfeito." (*Id. ibidem*, p. 278.)

rua Tiquetonne

“da comparação e da fusão de todas as respostas, coordenadas, classificadas e muitas vezes retocadas no silêncio da meditação, foi que elaborei a primeira edição de O Livro dos Espíritos”

"Estava concluído, em grande parte, o meu trabalho e tinha as proporções de um livro. Eu, porém, fazia questão de submetê-lo ao exame de outros Espíritos, com o auxílio de diferentes médiuns. Lembrei-me de fazer dele objeto de estudo nas reuniões do Sr. Roustan. Ao cabo de algumas sessões, disseram os Espíritos que preferiam revê-lo na intimidade e marcaram para tal efeito certos dias nos quais eu trabalharia em particular com a Srta. Japhet, a fim de fazê-lo com mais calma e também de evitar as indiscrições e os comentários prematuros do público.

Não me contentei, entretanto, com essa verificação; os Espíritos assim mo haviam recomendado. Tendo-me as circunstâncias posto em relação com outros médiuns, sempre que se apresentava ocasião eu a aproveitava para propor algumas das questões que me pareciam mais espinhosas. Foi assim que mais de dez médiuns prestaram concurso a esse trabalho." (*Id. ibidem*, p. 270.)

médium: Srta. Baudin

"Depois de haver eu procedido à leitura de alguns capítulos de *O Livro dos Espíritos*, concernentes às leis morais, o médium espontaneamente escreveu:

"Compreendeste bem o objetivo do teu trabalho. O plano está bem concebido. Estamos satisfeitos contigo. Continua; mas, lembra-te, sobretudo quando a obra se achar concluída, de que te recomendamos que a mandes imprimir e propagar. É de utilidade geral. Estamos satisfeitos e nunca te abandonaremos. Crê em Deus e avante." assinado: Muitos Espíritos." (*Id. ibidem*, pp. 286-287.)

11 de setembro de 1856

no dia 18 de abril de 1857, um sábado de primavera, O Livro dos Espíritos e Allan Kardec, foram, pela primeira vez, apresentados ao público na Livraria E. Dentu, Galeria de Orléans, n.º 13, Palais Royal, Paris.

Galeria de Orléans

Palais Royal

18 de abril de 1857

O livro dos espíritos

introdução

"Para se designarem coisas novas são precisos termos novos. Assim o exige a clareza da linguagem, para evitar a confusão inerente à variedade de sentidos das mesmas palavras. Os vocábulos espiritual, espiritualista, espiritualismo têm acepção bem definida. Dar-lhes outra, para aplicá-los à doutrina dos Espíritos, fora multiplicar as causas já numerosas de anfibologia. Com efeito, o espiritualismo é o oposto do materialismo. Quem quer que acredite haver em si alguma coisa mais do que matéria, é espiritualista. Não se segue daí, porém, que creia na existência dos Espíritos ou em suas comunicações com o mundo visível. Em vez das palavras espiritual, espiritualismo, empregamos, para indicar a crença a que vimos de referir-nos, os termos espírita e espiritismo, cuja forma lembra a origem e o sentido radical e que, por isso mesmo, apresentam a vantagem de ser perfeitamente inteligíveis, deixando ao vocábulo espiritualismo a acepção que lhe é própria. Diremos, pois, que a doutrina espírita ou o Espiritismo tem por princípio as relações do mundo material com os Espíritos ou seres do mundo invisível.

Os adeptos do Espiritismo serão os espíritas, ou, se quiserem, os espiritistas." (Kardec, Allan. *O livro dos espíritos*. FEB, 54ª edição, Rio de Janeiro, 1981, p. 13.)

"Se se observa a série dos seres, descobre-se que eles formam uma cadeia sem solução de continuidade, desde a matéria bruta até o homem mais inteligente. Porém, entre o homem e Deus, alfa e ômega de todas as coisas, que imensa lacuna! Será racional pensar-se que no homem terminam os anéis dessa cadeia e que ele transponha sem transição a distância que o separa do infinito ?"

abril de 1857

"A ciência espírita compreende duas partes: experimental uma, relativa às manifestações em geral; filosófica, outra, relativa às manifestações inteligentes. Aquele que apenas haja observado a primeira se acha na posição de quem não conhecesse a Física senão por experiências recreativas, sem haver penetrado no âmago da ciência.

A verdadeira Doutrina Espírita está no ensino que os Espíritos deram, e os conhecimentos que esse ensino comporta são por demais profundos e extensos para serem adquiridos de qualquer modo, que não por um estudo perseverante, feito no silêncio e no recolhimento. Porque, só dentro desta condição se pode observar um número infinito de fatos e particularidades que passam despercebidos ao observador superficial, e firmar opinião. Não produzisse este livro outro resultado além do de mostrar o lado sério da questão e de provocar estudos neste sentido e rejubilaríamos por haver sido eleito para executar uma obra em que, aliás, nenhum mérito pessoal pretendemos ter, pois que os princípios nela exarados não são de criação nossa. O mérito que apresenta cabe todo aos Espíritos que a ditaram. Esperamos que dará outro resultado, o de guiar os homens que desejem esclarecer-se, mostrando-lhes, nestes estudos, um fim grande e sublime: o do progresso individual e social e o de lhes indicar o caminho que conduz a esse fim. Concluamos, fazendo uma última consideração. Alguns astrônomos, sondando o espaço, encontraram, na distribuição dos corpos celestes, lacunas não justificadas e em desacordo com as leis do conjunto. Suspeitaram que essas lacunas deviam estar preenchidas por globos que lhes tinham escapado à observação. De outro lado, observaram certos efeitos, cuja causa lhes era desconhecida e disseram: Deve haver ali um mundo, porquanto esta lacuna não pode existir e estes efeitos hão de ter uma causa. Julgando então da causa pelo efeito, conseguiram calcular-lhe os elementos e mais tarde os fatos lhes vieram confirmar as previsões. Apliquemos este raciocínio a outra ordem de idéias. Se observa a série dos seres, descobre-se que eles formam uma cadeia sem solução de continuidade, desde a matéria bruta até o homem mais inteligente. Porém, entre o homem e Deus, alfa e ômega de todas as coisas, que imensa lacuna! Será racional pensar-se que no homem terminam os anéis dessa cadeia e que ele transponha sem transição a distância que o separa do infinito? A razão nos diz que entre o homem e Deus outros elos necessariamente haverá, como disse aos astrônomos que, entre os mundos conhecidos, outros haveria, desconhecidos. Que filosofia já preencheu essa lacuna? O Espiritismo no-la mostra preenchida pelos seres de todas as ordens do mundo invisível e estes seres não são mais do que os Espíritos dos homens, nos diferentes graus que levam à perfeição. Tudo então se liga, tudo se encadeia, desde o alfa até o ômega. Vós, que negais a existência dos Espíritos, preenchei o vácuo que eles ocupam." (*Id. ibidem*, pp. 46-47.)

Com o êxito de *O livro dos espíritos*, Allan Kardec percebeu a necessidade de criar um meio de comunicação onde fosse possível aos diferentes grupos trocarem informações entre si, receberem novas instruções e respostas para suas dúvidas.
Em 15 de novembro de 1857, através da médium Ermance Dufaux, ele consulta seus amigos espirituais sobre a viabilidade do seu plano e um dos espíritos lhe transmitiu as seguintes instruções: "Será preciso que lhe dispenses muito cuidado, a fim de assentares as bases de um bom e durável êxito. A apresentá-lo defeituoso, melhor será nada fazer, porquanto a primeira impressão pode decidir do seu futuro. De começo, deves cuidar de satisfazer à curiosidade; reunir o sério ao agradável: o sério para atrair os homens de ciência, o agradável para deleitar o vulgo. Esta parte é essencial, porém a outra é mais importante, por isso que, sem ela, o jornal careceria de fundamento sólido. Em suma, é preciso evitar a monotonia por meio da variedade, congregar a instrução sólida ao interesse. Ele então será, para trabalhos ulteriores, poderoso auxiliar." (*Obras póstumas*, pp. 293 e 294.)

a Revista Espírita

Allan Kardec, sem hesitar, coloca em prática seu plano: "Apressei-me a redigir o primeiro número e fi-lo circular a 1° de janeiro de 1858, sem haver dito nada a quem quer que fosse. Não tinha um único assinante e nenhum fornecedor de fundos. Publiquei-o correndo eu, exclusivamente, todos os riscos e não tive de que me arrepender, porquanto o resultado ultrapassou a minha expectativa. A partir daquela data, os números se sucederam sem interrupção e, como previa o Espírito, esse jornal se tornou um poderoso auxiliar meu." (*Id. ibidem*, p. 294.)

Allan Kardec

1º de janeiro de 1858

"Havia cerca de seis meses, eu realizava, em minha casa, à rua des Martyrs, uma reunião com alguns adeptos, às terças-feiras. A Srta. E. Dufaux era o médium principal. Conquanto o local não comportasse mais de quinze ou vinte pessoas, até trinta lá se juntavam às vezes. Apresentavam grande interesse tais reuniões, pelo caráter sério de que se revestiam e pelas questões que ali se tratavam. Lá não raro compareciam príncipes estrangeiros e outras personagens de alta distinção. Nada cômoda pela sua disposição, a sala onde nos reuníamos se tornou em breve muito acanhada. Alguns dos freqüentadores deliberaram cotizar-se para alugar uma que mais conviesse. Mas, então, fazia-se necessária uma autorização legal. O Sr. Dufaux, que se dava pessoalmente com o Prefeito de Polícia, encarregou-se de tratar do caso. A autorização também dependia do Ministro do Interior. Coube então ao general X..., que era, sem que ninguém o soubesse, simpático às nossas idéias, embora sem as conhecer inteiramente, obter a autorização. Esta, graças à sua influência, pôde ser concedida em quinze dias, quando, de ordinário, leva três meses para ser dada. A Sociedade ficou, em conseqüência, legalmente constituída e passamos a reunir-nos todas as terças-feiras no compartimento que ela alugara, no Palais Royal, galeria de Valois.

a Sociedade Espírita de Paris

Aí esteve um ano, de 1° de abril de 1858 a 1° de abril de 1859. Não tendo permanecido lá por mais tempo, entrou a reunir-se às sextas-feiras num dos salões do restaurante Douix, no mesmo Palais Royal, galeria Montpensier, de 1° de abril de 1859 a 1° de abril de 1860, época em que se instalou num local seu, à rua e passagem Sainte-Anne, 59." (*Id. ibidem*, p. 295.)

Palais Royal

1º de abril de 1858

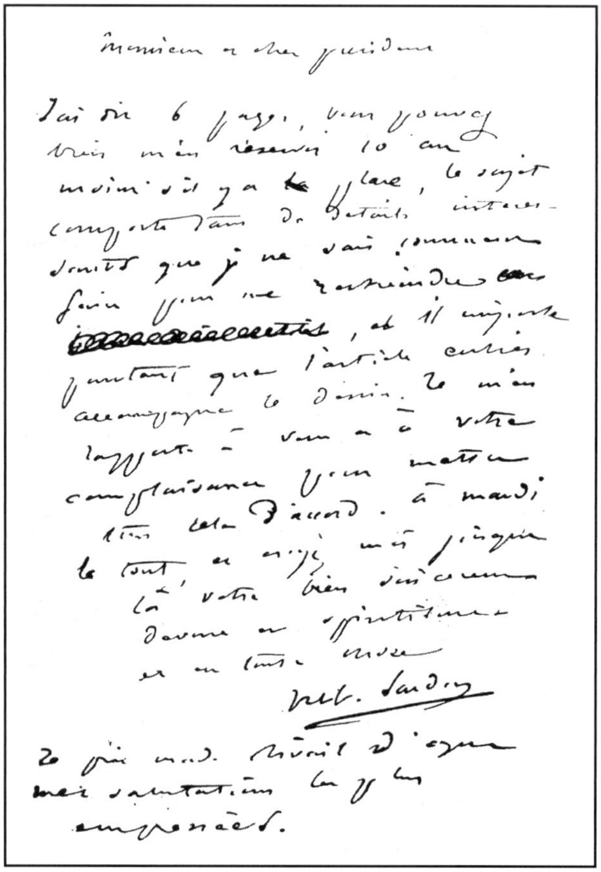

Rascunho de uma carta enviada pelo dramaturgo francês, Victorien Sardou.

"É o livro mais interessante e instrutivo que já li. É impossível que ele não tenha grande repercussão: todas as grandes questões de metafísica e de moral ali estão elucidadas da maneira mais satisfatória; todos os grandes problemas ali são resolvidos, mesmo aqueles que os mais ilustres filósofos não puderam resolver. É o livro da vida, é o guia da Humanidade. Recebei, senhor, meus cumprimentos pelo modo como classificastes e coordenastes os materiais fornecidos pelos próprios Espíritos: tudo é perfeitamente metódico, tudo se encadeia bem, e vossa introdução é uma obra-prima de lógica, de discussão e de exposição." (*Reformador*, junho de 1964, p. 131.)

"Faz pouco tempo publicou o editor Dentu uma obra deveras notável; diríamos mesmo muito curiosa, se não houvesse coisas às quais repugna qualquer classificação banal. Aliás, para que não se ponha em dúvida a nossa boa fé e nos acusem de partidarismo, diremos com toda sinceridade que jamais fizemos um estudo aprofundado das questões sobrenaturais. Apenas, se os fatos produzidos nos causaram admiração, pelo menos não nos levaram a dar de ombros. Somos um pouco da classe chamada de sonhadores, porque não pensamos como todo mundo. A vinte léguas de Paris, ao cair da tarde, quando em nossa vida tínhamos apenas algumas cabanas esparsas, pensamos naturalmente em coisas muito diversas da Bolsa, do macadam dos bulevares ou das corridas de Longchamps. Muitas vezes nos interrogávamos e, durante muito tempo, antes de ter ouvido falar em médiuns, a respeito do que se passava nas regiões que se convencionou chamar o Alto.

Courrier de Paris, 11 de junho de 1858, jornalista G. du Chalard

Há tempos chegamos mesmo a esboçar uma teoria sobre os mundos invisíveis, guardando-a ciosamente para nós e nos sentimos muito felizes porque a encontramos, quase que por inteiro, no livro do Sr. Allan Kardec."

O que é o espiritismo

introdução

"O espiritismo é, ao mesmo tempo, uma ciência de observação e uma doutrina filosófica. Como ciência prática ele consiste nas relações que se estabelecem entre nós e os espíritos; como filosofia, compreende todas as conseqüências morais que dimanam dessas mesmas relações. Podemos defini-lo assim: o espiritismo é uma ciência que trata da natureza, origem e destino dos espíritos, bem como de suas relações com o mundo corporal."

(Kardec, Allan. O que é o espiritismo. FEB, 36ª edição, Rio de Janeiro, 1993, p. 50.)

livro de Allan Kardec

julho de 1859

"O que faz nascer na mente de muitas pessoas a dúvida sobre a possibilidade das comunicações de Além-Túmulo, é a idéia falsa que fazem do estado da alma depois da morte. Figuram ser ela um sopro, uma fumaça, uma coisa vaga, apenas apreensível ao pensamento, que se evapora e vai não se sabe para onde, mas para lugar tão distante que se custa a compreender que ela possa tornar à Terra. Se, ao contrário, a considerarmos ainda unida a um corpo fluídico, semimaterial, formando com ele um ser concreto e individual, as suas relações com os viventes nada têm de incompatível com a razão.

Vivendo o mundo invisível no meio do visível, com o qual está em contato perpétuo, dá em resultado uma incessante reação de cada um deles sobre o outro, e bem assim demonstra que, desde que houve homens, houve também Espíritos, e que se estes têm o poder de manifestar-se, deviam tê-lo feito em todas as épocas e entre todos os povos.

As relações entre os mundos visível e invisível podem ser ocultas ou patentes, espontâneas ou provocadas. Os Espíritos atuam sobre os homens ocultamente, sugerindo-lhes pensamentos e influenciando-os, de modo perceptível, por meio de efeitos apreciáveis aos sentidos. As manifestações espontâneas se verificam inopinadamente e de improviso; produzem-se, muitas vezes, entre as pessoas mais estranhas às idéias espíritas, as quais, não tendo meios de explicá-las, as atribuem a causas sobrenaturais. As que são provocadas, dão-se por intermédio de certos indivíduos dotados para isso de faculdades especiais, e designados pelo nome de médiuns. [...]

Às vezes, os Espíritos se manifestam espontaneamente por pancadas e ruídos; é muitas vezes um meio que empregam para atestar sua presença e chamar sobre si a atenção, tal como nós, quando batemos para avisar que está alguém à porta. (*Id. ibidem*, pp. 158-159.)

Pelo pouco que dissemos, pode-se ver que as manifestações espíritas, de qualquer natureza, nada têm de maravilhoso e sobrenatural; são fenômenos que se produzem em virtude da lei que rege as relações do mundo visível com o invisível, lei tão natural quanto as da eletricidade, da gravitação, etc.

O Espiritismo é a ciência que nos faz conhecer essa lei, como a mecânica nos ensina as do movimento, a óptica as da luz, etc. Pertencendo à Natureza, as manifestações espíritas se deram em todos os tempos; a lei que as dirige, uma vez conhecida, vem explicar-nos grande número de problemas, julgados sem solução; ela é a chave de uma multidão de fenômenos explorados e amplificados pela superstição. Afastado o prisma maravilhoso, nada mais apresentam esses fatos que repugne à razão, pois que assim passam a ocupar o seu lugar no meio dos outros fenômenos naturais.

Nos tempos de ignorância, eram reputados sobrenaturais todos os efeitos cuja causa não se conhecia; as descobertas da Ciência, porém, sucessivamente foram restringindo o círculo do maravilhoso, que o conhecimento da nova lei veio aniquilar. Aqueles, pois, que acusam o Espiritismo de ressuscitar o maravilhoso, provam, só por isso, que falam do que não conhecem." (*Id. ibidem*, p. 162.)

A partir de 1860, a Sociedade Espírita de Paris e a Revista Espírita tinham como nova sede o seguinte endereço: 59, rue Sainte-Anne, Passage Sainte-Anne, 1° andar, porta da esquerda. O professor Rivail, agora conhecido por todos como Allan Kardec, residia oficialmente na Vila de Ségur, mas praticamente vivia na passagem Sainte-Anne. Para poder cumprir sua missão, ele estava "obrigado a trabalhar de manhã à noite e, muitas vezes, pela madrugada adentro, sem mesmo poder repousar..."

passagem Sainte-Anne

abril de 1860

59
PASSAGE STE ANNE

apartamento na passagem Sainte-Anne, sede da Sociedade Espírita de Paris, da ***Revista Espírita*** e local de trabalho para Kardec

O livro dos médiuns

há espíritos?

"O Espírito não é, pois, um ponto, uma abstração;
é um ser limitado e circunscrito, ao qual só falta ser
visível e palpável, para se assemelhar aos seres humanos.
Por que, então, não haveria de atuar sobre a matéria?
Por ser fluídico o seu corpo?
Mas, onde encontra o homem os seus mais
possantes motores, senão entre os mais rarificados
fluidos, mesmo entre os que se consideram
imponderáveis, como, por exemplo, a eletricidade?"

livro de Allan Kardec

janeiro de 1861

"Desde que se admite a existência da alma e sua individualidade após a morte, forçoso é também se admita: 1°, que a sua natureza difere da do corpo, visto que, separada deste, deixa de ter as propriedades peculiares ao corpo; 2°, que goza da consciência de si mesma, pois que é passível de alegria, ou de sofrimento, sem o que seria um ser inerte, caso em que possuí-la de nada nos valeria. Admitido isso, tem-se que admitir que essa alma vai para alguma parte. Que vem a ser feito dela e para onde vai? Segundo a crença vulgar, vai para o céu, ou para o inferno. Mas, onde ficam o céu e o inferno? Dizia-se outrora que o céu era em cima e o inferno embaixo. Porém, o que são o alto e o baixo no Universo, uma vez que se conhecem a esfericidade da Terra, o movimento dos astros, movimento que faz com que o que em dado instante está no alto esteja, doze horas depois, embaixo, e o infinito do espaço, através do qual o olhar penetra, indo a distâncias consideráveis? (Kardec, Allan. O livro dos médiuns. FEB, 64ª edição, Rio de Janeiro, 1999, p. 20.)

Ora, essas almas que povoam o Espaço são precisamente o a que se chama Espíritos. Assim, pois, os Espíritos não são senão as almas dos homens, despojadas do invólucro corpóreo. Mais hipotética lhes seria a existência, se fossem seres à parte. Se, porém, se admitir que há almas, necessário também será se admita que os Espíritos são simplesmente as almas e nada mais. Se se admite que as almas estão por toda parte, ter-se-á que admitir, do mesmo modo, que os Espíritos estão por toda parte. Possível, portanto, não fora negar a existência dos Espíritos, sem negar a das almas. [...] Figuremos, primeiramente, o Espírito em união com o corpo. Ele é o ser principal, pois que é o ser que pensa e sobrevive. O corpo não passa de um acessório seu, de um invólucro, uma veste, que ele deixa, quando usada. Além desse invólucro material, tem o Espírito um segundo, semimaterial, que o liga ao primeiro. Por ocasião da morte, despoja-se deste, porém não do outro, a que damos o nome de perispírito. Esse invólucro semimaterial, que tem a forma humana, constitui para o Espírito um corpo fluídico, vaporoso, mas que, pelo fato de nos ser invisível no seu estado normal, não deixa de ter algumas das propriedades da matéria. O Espírito não é, pois, um ponto, uma abstração; é um ser limitado e circunscrito, ao qual só falta ser visível e palpável, para se assemelhar aos seres humanos. Por que, então, não haveria de atuar sobre a matéria? Por ser fluídico o seu corpo? Mas, onde encontra o homem os seus mais possantes motores, senão entre os mais rarificados fluidos, mesmo entre os que se consideram imponderáveis, como, por exemplo, a eletricidade? Não é exato que a luz, imponderável, exerce ação química sobre a matéria ponderável? Não conhecemos a natureza íntima do perispírito. Suponhamo-lo, todavia, formado de matéria elétrica, ou de outra tão sutil quanto esta: por que, quando dirigido por uma vontade, não teria propriedade idêntica à daquela matéria?" (*Id. ibidem*, pp. 22-23.)

o auto-de-fé

O ano de 1861 permanecerá memorável nos anais do Espiritismo; no dia 9 de outubro um auto-de-fé foi praticado com livros espíritas em Barcelona, na Espanha.

O Sr. Maurice Lachâtre, que estava nessa época estabelecido como livreiro, em Barcelona, em relações e em comunhão de idéias com Allan Kardec, pediu a este que lhe enviasse certo número de obras espíritas, para as expor à venda e fazer propaganda da nova filosofia. Essas obras, em número de trezentas aproximadamente, foram expedidas nas condições ordinárias, com uma declaração em ordem do conteúdo das caixas. À sua chegada à Espanha, foram os direitos da alfândega cobrados ao destinatário e arrecadados pelos agentes do governo espanhol; mas a entrega das caixas não se fez: o bispo de Barcelona, tendo julgado esses livros perniciosos à fé católica, fez confiscar a expedição pelo Santo-Ofício. Eis aqui um extrato da ata da execução:

"Neste dia, nove de outubro de mil oitocentos e sessenta e um, às dez horas e meia da manhã, na esplanada da cidade de Barcelona, no local onde são executados os criminosos condenados ao derradeiro suplício e por ordem do bispo desta cidade, foram queimados trezentos volumes e brochuras sobre o Espiritismo, a saber: *O Livro dos Espíritos*, por Allan Kardec, etc." (*Obras póstumas*, p. 302.)

> "Podem queimar livros, mas não se queimam idéias; as chamas das fogueiras as superexcitam, em vez de extingui-las. Ademais, as idéias estão no ar, e não há Pireneus bastante elevados para detê-las; e quando é grande e generosa uma idéia, encontra milhares de corações dispostos a almejá-la." Allan Kardec

9 de outubro de 1861

O evangelho segundo o espiritismo

introdução

"Podem dividir-se em cinco partes as matérias contidas nos Evangelhos: os atos comuns da vida do Cristo; os milagres; as predições; as palavras que foram tomadas pela Igreja para fundamento de seus dogmas; e o ensino moral. As quatro primeiras têm sido objeto de controvérsias; a última, porém, conservou-se constantemente inatacável. Diante desse código divino, a própria incredulidade se curva. É terreno onde todos os cultos podem reunir-se, estandarte sob o qual podem todos colocar-se, quaisquer que sejam suas crenças, porquanto jamais ele constituiu matéria das disputas religiosas, que sempre e por toda a parte se originaram das questões dogmáticas."

livro de Allan Kardec

abril de 1864

"Aliás, se o discutissem, nele teriam as seitas encontrado sua própria condenação, visto que, na maioria, elas se agarram mais à parte mística do que à parte moral, que exige de cada um a reforma de si mesmo. Para os homens, em particular, constitui aquele código uma regra de proceder que abrange todas as circunstâncias da vida privada e da vida pública, o princípio básico de todas as relações sociais que se fundam na mais rigorosa justiça. É, finalmente e acima de tudo, o roteiro infalível para a felicidade vindoura, o levantamento de uma ponta do véu que nos oculta a vida futura. Essa parte é a que será objeto exclusivo desta obra.

Toda a gente admira a moral evangélica; todos lhe proclamam a sublimidade e a necessidade; muitos, porém, assim se pronunciam por fé, confiados no que ouviram dizer, ou firmados em certas máximas que se tornaram proverbiais. Poucos, no entanto, a conhecem a fundo e menos ainda são os que a compreendem e lhe sabem deduzir as conseqüências. A razão está, por muito, na dificuldade que apresenta o entendimento do Evangelho que, para o maior número dos seus leitores, é ininteligível. A forma alegórica e o intencional misticismo da linguagem fazem que a maioria o leia por desencargo de consciência e por dever, como lêem as preces, sem as entender, isto é, sem proveito. Passam-lhes despercebidos os preceitos morais, disseminados aqui e ali, intercalados na massa das narrativas. Impossível, então, apanhar-se-lhes o conjunto e tomá-los para objeto de leitura e meditações especiais. [...]

Muitos pontos dos Evangelhos, da Bíblia e dos autores sacros em geral só são ininteligíveis, parecendo alguns até irracionais, por falta da chave que faculte se lhes apreenda o verdadeiro sentido. Essa chave está completa no Espiritismo, como já o puderam reconhecer os que o têm estudado seriamente e como todos, mais tarde, ainda melhor o reconhecerão. O Espiritismo se nos depara por toda a parte na antigüidade e nas diferentes épocas da Humanidade. Por toda a parte se lhe descobrem os vestígios: nos escritos, nas crenças e nos monumentos. Essa a razão por que, ao mesmo tempo que rasga horizontes novos para o futuro, projeta luz não menos viva sobre os mistérios do passado. Como complemento de cada preceito, acrescentamos algumas instruções escolhidas, dentre as que os Espíritos ditaram em vários países e por diferentes médiuns. Se elas fossem tiradas de uma fonte única, houveram talvez sofrido uma influência pessoal ou a do meio, enquanto a diversidade de origens prova que os Espíritos dão indistintamente seus ensinos e que ninguém a esse respeito goza de qualquer privilégio." (Kardec, Allan. *O evangelho segundo o espiritismo.* FEB, 115ª edição, Rio de Janeiro, 1998, pp. 25-27.)

Allan Kardec por Pierre-Gaëtan Leymarie

"O mestre se levantava às 4,30 horas da manhã, em qualquer estação, para poder dar conta dos seus muitos e variados trabalhos diários. Freqüentemente vinha vê-lo (na casa de Leymarie), e se distraía a contar anedotas de alto nível, às quais não faltavam ditos gauleses.

Aos domingos, sobretudo nos últimos dias de sua vida, convidava amigos para jantar em sua Villa Ségur."

E o sr. Leymarie revelava para os discípulos que o ignoravam: "Quantas vezes soubemos de pessoas em provação que encontraram junto dele o socorro moral e, não raro, o socorro material. A respeito dessas coisas ele não dizia uma palavra, ocultando no olvido suas boas obras."

Allan Kardec por Anna Blackwell

"Recebia amavelmente os numerosos visitantes que acorriam de todas as partes do mundo, para conversar com ele a respeito das idéias de que era o mais autorizado expoente, respondendo às consultas e às objeções, resolvendo dificuldades, e dando informações a todos os investigadores sérios, com os quais falava franca e animadamente.

Entre os milhares de visitantes, encontravam-se pessoas de alto nível no mundo social, literário, artístico e científico."

O imperador Napoleão III, cujo interesse pelos fenômenos espíritas não era nenhum segredo, mandou chamá-lo, várias vezes, e com ele manteve longas palestras, nas Tulherias, acerca das doutrinas expostas em *O livro dos espíritos.*

Allan Kardec, "depois de haver discutido pontos mais difíceis da psicologia e da metafísica transcendental, mostrava-se expansivo, esforçando-se por distrair os convidados que ele freqüentemente recebia na Villa Ségur; conservando-se sempre digno e sóbrio em suas expressões, sabia adubá-las com o nosso velho sal gaulês em rasgos de causticante e afetuosa bonomia. Gostava de rir com esse belo riso franco, largo e comunicativo, e possuía um talento todo particular em fazer os outros partilharem do seu bom-humor." Henri Sausse

Villa de Ségur

O céu e o inferno

o porvir e o nada

"Vivemos, pensamos e operamos — eis o que é positivo. E que morremos, não é menos certo. Mas, deixando a Terra, para onde vamos? Que seremos após a morte? Estaremos melhor ou pior? Existiremos ou não? Ser ou não ser, tal a alternativa. Para sempre ou para nunca mais; ou tudo ou nada: Viveremos eternamente, ou tudo se aniquilará de vez? É uma tese, essa, que se impõe. Todo homem experimenta a necessidade de viver, de gozar, de amar e ser feliz. Dizei ao moribundo que ele viverá ainda; que a sua hora é retardada; dizei-lhe sobretudo que será mais feliz do que porventura o tenha sido, e o seu coração rejubilará. Mas, de que serviriam essas aspirações de felicidade, se um leve sopro pudesse dissipá-las? Haverá algo de mais desesperador do que esse pensamento da destruição absoluta?"

livro de Allan Kardec

agosto de 1865

[...] Afeições caras, inteligência, progresso, saber laboriosamente adquiridos, tudo despedaçado, tudo perdido! De nada nos serviria, portanto, qualquer esforço no sofreamento das paixões, de fadiga para nos ilustrarmos, de devotamento à causa do progresso, desde que de tudo isso nada aproveitássemos, predominando o pensamento de que amanhã mesmo, talvez, de nada nos serviria tudo isso. [...]

Se há doutrina insensata e anti-social, é, seguramente, o niilismo, que rompe os verdadeiros laços de solidariedade e fraternidade, em que se fundam as relações sociais. [...]

Todos somos livres na escolha das nossas crenças; podemos crer em alguma coisa ou em nada crer, mas aqueles que procuram fazer prevalecer no espírito das massas, da juventude principalmente, a negação do futuro, apoiando-se na autoridade do seu saber e no ascendente da sua posição, semeiam na sociedade gérmens de perturbação e dissolução, incorrendo em grande responsabilidade. [...]

Uma teoria não pode ser aceita como verdadeira senão com a cláusula de satisfazer a razão e dar conta de todos os fatos que abrange; se um só fato lhe trouxer um desmentido, é que não contém a verdade absoluta. [...] Se a religião, apropriada em começo aos conhecimentos limitados do homem, tivesse acompanhado sempre o movimento progressivo do espírito humano, não haveria incrédulos, porque está na própria natureza do homem a necessidade de crer, e ele crerá desde que se lhe dê o pábulo espiritual de harmonia com as suas necessidades intelectuais. O homem quer saber donde veio e para onde vai. Mostrando-se-lhe um fim que não corresponde às suas aspirações nem à idéia que ele faz de Deus, tampouco aos dados positivos que lhe fornece a Ciência; impondo-se-lhe, ademais, para atingir o seu desiderato, condições cuja utilidade sua razão contesta, ele tudo rejeita; o materialismo e o panteísmo parecem-lhe mais racionais, porque com eles ao menos se raciocina e se discute, falsamente embora. E há razão, porque antes raciocinar em falso do que não raciocinar absolutamente. Apresente-se-lhe, porém, um futuro condicionalmente lógico, digno em tudo da grandeza, da justiça e da infinita bondade de Deus, e ele repudiará o materialismo e o panteísmo, cujo vácuo sente em seu foro íntimo, e que aceitará à falta de melhor crença. [...] O simples bom-senso repele tal suposição, que seria não somente a negação da justiça e bondade divinas, mas das próprias leis evolutivas e progressivas da Natureza. Mas Deus, que é soberanamente justo e bom, concede ao Espírito tantas encarnações quantas as necessárias para atingir seu objetivo: a perfeição. Para cada nova existência de permeio à matéria, entra o Espírito com o cabedal adquirido nas anteriores, em aptidões, conhecimentos intuitivos, inteligência e moralidade. Cada existência é assim um passo avante no caminho do progresso. (Kardec, Allan. *O céu e o inferno*. FEB, 25ª edição, Rio de Janeiro, 1978, p. 11-12, 14, 17-19, 32.)

sentindo que lhe restava pouco tempo, Kardec se preocupa com o futuro da doutrina espírita

O contrato de arrendamento do apartamento da passagem Sainte-Anne estava quase terminando, e Kardec contava retirar-se definitivamente para o apartamento da Vila Ségur, a fim de trabalhar mais ativamente nas obras e projetos que lhe restava fazer e cujo plano e documentos se achavam já reunidos.

"Desde os primeiros anos do Espiritismo, ele havia comprado 2.666 metros quadrados de terreno na avenida Ségur, atrás dos Inválidos. Tendo essa compra esgotado os seus recursos, ele contraiu com o Crédit Foncier um empréstimo de cinqüenta mil francos para fazer construir nesse terreno seis pequenas casas, com jardim; alimentava a doce esperança de recolher-se a uma delas, na Vila Ségur, e torná-la-ia depois da sua morte asilo a que se pudessem recolher na velhice os defensores indigentes do Espiritismo." (Sausse, Henri. *Op. cit.* pp. 43-44.)

"Em 1867, faz uma curta viagem a Bordéus, Tours e Orléans; em seguida põe novamente mãos à obra, para publicar, em janeiro de 1868, A gênese, os milagres e as predições segundo o espiritismo. É das mais importantes esta obra, porque constitui, sob o ponto de vista científico, a síntese dos quatro primeiros volumes já publicados. Allan Kardec ocupa-se, em seguida, de um projeto de organização do Espiritismo, por meio do qual espera imprimir mais vigor, mais ação à filosofia de que se fez apóstolo, procurando desenvolver-lhe o lado prático e fazer-lhe produzir seus frutos." (*Id. ibidem*, p. 43.)

"Em 1869 a Sociedade Espírita era reconstituída e tornada sociedade anônima, com o capital de quarenta mil francos, dividido em quarenta ações, para a exploração da livraria, da Revista Espírita e das obras de Allan Kardec. A nova sociedade devia instalar-se no dia 1.° de abril de 1869, à rua de Lille n.° 7." (*Id. ibidem*, p. 44.)

rua de Lille

os projetos

A gênese

introdução

"Dois elementos, ou, se quiserem, duas forças regem o Universo: o elemento espiritual e o elemento material. Da ação simultânea desses dois princípios nascem fenômenos especiais, que se tornam naturalmente inexplicáveis, desde que se abstraia de um deles, do mesmo modo que a formação da água seria inexplicável, se se abstraísse de um dos seus elementos constituintes: o oxigênio e o hidrogênio."

livro de Allan Kardec

janeiro de 1868

"Demonstrando a existência do mundo espiritual e suas relações com o mundo material, o Espiritismo fornece a chave para a explicação de uma imensidade de fenômenos incompreendidos e considerados, em virtude mesmo dessa circunstância, inadmissíveis, por parte de uma certa classe de pensadores. Abundam nas Escrituras esses fatos e, por desconhecerem a lei que os rege, é que os comentadores, nos dois campos opostos, girando sempre dentro do mesmo círculo de idéias, fazendo, uns, abstração dos dados positivos da ciência, desprezando, outros, o princípio espiritual, não conseguiram chegar a uma solução racional." (Kardec, Allan. *A gênese*. FEB, 21ª edição, Rio de Janeiro, 1979, pp. 9-10.)

"Assim como a Ciência propriamente dita tem por objeto o estudo das leis do princípio material, o objeto especial do Espiritismo é o conhecimento das leis do princípio espiritual. Ora, como este último princípio é uma das forças da Natureza, a reagir incessantemente sobre o princípio material e reciprocamente, segue-se que o conhecimento de um não pode estar completo sem o conhecimento do outro.

O Espiritismo e a Ciência se completam reciprocamente; a Ciência, sem o Espiritismo, se acha na impossibilidade de explicar certos fenômenos só pelas leis da matéria; ao Espiritismo, sem a Ciência, faltariam apoio e comprovação. O estudo das leis da matéria tinha que preceder o da espiritualidade, porque a matéria é que primeiro fere os sentidos. Se o Espiritismo tivesse vindo antes das descobertas científicas, teria abortado, como tudo quanto surge antes do tempo." (*Id. ibidem*, p. 21.)

"Nenhuma ciência existe que haja saído prontinha do cérebro de um homem. Todas, sem exceção de nenhuma, são fruto de observações sucessivas, apoiadas em observações precedentes, como em um ponto conhecido, para chegar ao desconhecido." (*Id. ibidem*, p. 42.)

"As obras ditas da Natureza são produzidas por forças materiais que atuam mecanicamente, em virtude das leis de atração e repulsão; as moléculas dos corpos inertes se agregam e desagregam sob o império dessas leis. As plantas nascem, brotam, crescem e se multiplicam sempre da mesma maneira, cada uma na sua espécie, por efeito daquelas mesmas leis; cada indivíduo se assemelha ao de quem ele proveio; o crescimento, a floração, a frutificação, a coloração se acham subordinados a causas materiais, tais como o calor, a eletricidade, a luz, a umidade, etc. O mesmo se dá com os animais. Os astros se formam pela atração molecular e se movem perpetuamente em suas órbitas por efeito da gravitação. Essa regularidade mecânica no emprego das forças naturais não acusa a ação de qualquer inteligência livre. O homem movimenta o braço quando quer e como quer; aquele, porém, que o movimentasse no mesmo sentido, desde o nascimento até a morte, seria um autômato. Ora, as forças orgânicas da Natureza são puramente automáticas. [...] A existência do relógio atesta a existência do relojoeiro; a engenhosidade do mecanismo lhe atesta a inteligência e o saber. Quando um relógio vos dá, no momento preciso, a indicação de que necessitais, já vos terá vindo à mente dizer: aí está um relógio bem inteligente? Outro tanto ocorre com o mecanismo do Universo: Deus não se mostra, mas se revela pelas suas obras." (*Id. ibidem*, pp. 54-55.)

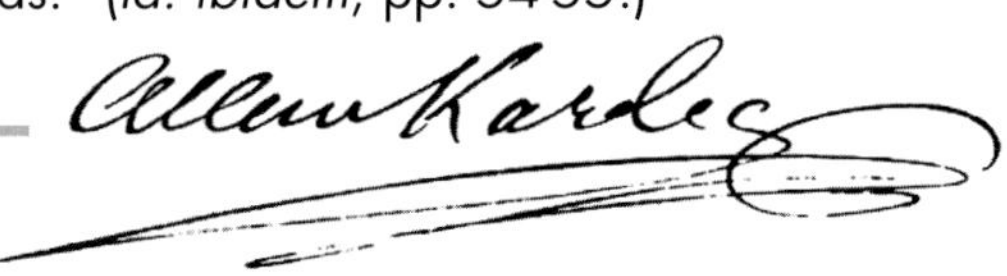

31 de março 1869

"Ele morreu esta manhã, entre onze e doze horas, subitamente, ao entregar um número da Revista Espírita a um caixeiro de livraria que acabava de comprá-lo; ele se curvou sobre si mesmo, sem proferir uma única palavra: estava morto.

Sozinho em sua casa (rua Sainte-Anne), Kardec punha em ordem livros e papéis para a mudança que se vinha processando e que deveria terminar amanhã. Seu empregado, aos gritos da criada e do caixeiro, acorreu ao local, ergueu-o... nada, nada mais. Delanne acudiu com toda a presteza, friccionou-o, magnetizou-o, mas em vão. Tudo estava acabado.

Venho de vê-lo. Penetrando a casa, com móveis e utensílios diversos atravancando a entrada, pude ver, pela porta aberta da grande sala de sessões, a desordem que acompanha os preparativos para uma mudança de domicílio; introduzido numa pequena sala de visitas, que conheceis bem, com seu tapete encarnado e seus móveis antigos, encontrei a Sra. Kardec assentada no canapé, de face para a lareira; ao seu lado, o Sr. Delanne(...)"

carta de E. Muller

Allan Kardec foi enterrado no cemitério de Montmartre, em Paris, no dia 2 de abril de 1869

Trechos do discurso pronunciado
junto ao túmulo de Allan Kardec
por Camille Flammarion

A Natureza abrange o Universo, e o próprio Deus, feito outrora à imagem do homem, a moderna Metafísica não o pode considerar senão como um espírito na Natureza. O sobrenatural não existe. As manifestações obtidas com o auxílio dos médiuns, como as do magnetismo e do sonambulismo, são de ordem natural e devem ser severamente submetidas à verificação da experiência. Não há milagres. Assistimos ao alvorecer de uma ciência desconhecida. Quem poderá prever a que conseqüências conduzirá, no mundo do pensamento, o estudo positivo desta nova psicologia? Doravante, o mundo é regido pela ciência e, Senhores, não virá fora de propósito, neste discurso fúnebre, assinalar-lhe a obra atual e as induções novas que ela nos patenteia, precisamente do ponto de vista das nossas pesquisas.

Em nenhuma época da História a Ciência desdobrou, ante o olhar espantado do homem, tão grandiosos horizontes. Sabemos agora que a Terra é um astro e que a nossa vida atual se completa no céu. Pela análise da luz, conhecemos os elementos que ardem no Sol e nas estrelas, a milhões e trilhões de léguas do nosso observatório terrestre. Por meio do cálculo, possuímos a história do céu e da Terra, assim no passado longínquo, como no futuro, passado e futuro que não existem para as leis imutáveis. Pela observação, temos pesado as terras celestes que gravitam na amplidão. O globo em que nos encontramos tornou-se um átomo estelar que voa no espaço dentro das profundezas infinitas e a nossa própria existência neste globo se tornou uma fração infinitesimal da nossa eterna vida. Mas o que, com razão, nos pode tocar ainda mais vivamente é esse surpreendente resultado dos trabalhos físicos realizados nestes últimos anos: que vivemos em meio de um mundo invisível, a atuar incessantemente em torno de nós.Sim, Senhores, é esta, para nós, uma revelação imensa. [...] Voltaste a esse mundo donde viemos e colhes o fruto de teus estudos terrestres. Aos nossos pés dorme o teu envoltório, extinguiu-se o teu cérebro, fecharam-se-te os olhos para não mais se abrirem, não mais ouvida será a tua palavra. Sabemos que todos havemos de mergulhar nesse mesmo último sono, de volver a essa mesma inércia, a esse mesmo pó. Mas não é nesse envoltório que pomos a nossa glória e a nossa esperança. Tomba o corpo, a alma permanece e retorna ao Espaço.

Encontrar-nos-emos num mundo melhor e no céu imenso onde usaremos das nossas mais preciosas faculdades, onde continuaremos os estudos para cujo desenvolvimento a Terra é teatro por demais acanhado. É-nos mais grato saber esta verdade, do que acreditar que jazes todo inteiro nesse cadáver e que tua alma se haja aniquilado com a cessação do funcionamento de um órgão.

A imortalidade é a luz da vida, como este refulgente Sol é a luz da Natureza." (Flammarion, Camille. In: *Obras póstumas*. pp. 25-26; 30.)

"Até à vista, meu caro Allan Kardec, até à vista!"

"Aquele que por tão longo tempo ocupou o mundo científico e religioso sob o pseudônimo de Allan Kardec, chamava-se Rivail e morreu na idade de 65 anos.

Journal de Paris, 3 de abril de 1869, jornalista Pagès de Noyez

Vimo-lo deitado num simples colchão, no meio da sala das sessões a que há tantos anos ele presidia; vimo-lo com o semblante calmo como se extinguem aqueles a quem a morte não surpreende e que, tranqüilos quanto ao resultado de uma vida honesta e laboriosamente preenchida, imprimem como que um reflexo da pureza de sua alma sobre o corpo que abandonaram.

A morte de Allan Kardec é notável por uma coincidência estranha. A Sociedade fundada por esse grande vulgarizador do Espiritismo acabava de desaparecer. Abandonado o local, retirados os móveis, nada mais restava de um passado que devia renascer sobre novas bases.

No fim da última sessão, o presidente fizera as suas despedidas; preenchida a sua missão, retirava-se da luta cotidiana, para se consagrar inteiramente ao estudo da filosofia espiritualista.

Outros, mais jovens – intrépidos – deveriam continuar a obra e, fortes por sua virilidade, impor a verdade por sua convicção."

túmulo de Allan Kardec no cemitério do Père-Lachaise

Em março de 1870, os despojos mortais de Allan Kardec foram transferidos para o cemitério do Père-Lachaise, em Paris, ao lado de Balzac, Chopin, Molière, Lafontaine, Proust, Delacroix...

túmulo de Allan Kardec

"Nascer, morrer, renascer ainda e progredir sempre, tal é a lei."

PHILOSOPHIE SPIRITE
TOVT EFFET INTELLIGENT
A VNE CAVSE
INTELLIGENTE
LA PVISSANCE DE LA

SANS CESSE
LA LOI

REFLEXÕES de Kardec

origem das idéias espíritas modernas

"Se o Espiritismo fosse fundado no pensamento preconcebido da existência dos Espíritos, poder-se-ia, com alguma aparência de razão, duvidar da sua veracidade; porque, se o princípio fosse uma quimera, as conseqüências dele emanadas também o seriam; mas as coisas não se passaram assim.

Notai, em primeiro lugar, que essa marcha seria totalmente ilógica; os Espíritos são a causa e não o efeito; quando se vê um efeito, pode-se procurar-lhe a causa, mas não é natural imaginar-se uma causa antes de lhe ter visto os efeitos. Não era, pois, possível conceber o pensamento da existência dos Espíritos, se efeitos não se tivessem mostrado, que achassem explicação provável na existência de seres invisíveis.

Pois bem! não foi mesmo deste modo que nasceu tal pensamento; isto é, não foi ele uma hipótese imaginada com o fim de explicar certos fenômenos; a primeira suposição feita foi a de uma causa material. Assim, longe de que os Espíritos fossem uma idéia preconcebida, partiu-se, para chegar a eles, do ponto de vista materialista. Não se podendo, porém, por este meio explicar tudo, somente a observação conduziu à causa espiritual. Falo das idéias espíritas modernas; pois sabemos que essa crença é tão velha quanto o mundo.

Eis a marcha das coisas: fenômenos espontâneos se produziram, tais como ruídos estranhos, pancadas, movimentos de objetos, etc., sem causa ostensiva conhecida, realizando-se sob a influência de certas pessoas. Nada, até aí, autorizava a buscar-se-lhes a causa fora da ação de um fluido magnético ou outro qualquer, de propriedade ainda desconhecida. Não se tardou, porém, a reconhecer nesses ruídos e movimentos um caráter intencional e inteligente, do que se concluiu, como já o disse, que: Se todo efeito tem uma causa, todo efeito inteligente tem uma causa inteligente. Esta inteligência não podia estar no objeto, porque a matéria não é inteligente. Seria o reflexo da pessoa ou das pessoas presentes? Assim se julgou no começo, como já igualmente vo-lo disse; só a experiência podia pronunciar-se, e ela demonstrou por provas irrecusáveis, em muitas circunstâncias, a completa independência da inteligência que se manifesta. Ela não pertencia, pois, nem ao objeto nem à pessoa.

Quem era então? Ela própria respondeu, declarando pertencer aos seres incorpóreos chamados Espíritos. A idéia dos Espíritos não preexistia, nem mesmo lhe foi consecutiva; em uma palavra, não nasceu do cérebro de ninguém, mas nos foi dada pelos Espíritos mesmos, e tudo o que soubemos depois, a seu respeito, foi-nos por eles ensinado. Uma vez revelada a existência dos Espíritos e estabelecidos os meios de nos comunicarmos com eles, puderam-se entreter conversações seguidas e obter informações sobre a natureza desses seres, condições de sua existência e seu papel no mundo visível." (*O que é o espiritismo*, pp. 89-91.)

"O Espiritismo se dirige aos que não crêem ou que duvidam, e não aos que têm fé e a quem essa fé é suficiente;

ele não diz a ninguém que renuncie às suas crenças para adotar as nossas, e nisto é conseqüente com os princípios de tolerância e de liberdade de consciência que professa. Por esse motivo não poderíamos aprovar as tentativas feitas por certas pessoas para converter às nossas idéias o clero, de qualquer comunhão que seja.

Repetiremos, pois, a todos os espíritas: acolhei com solicitude os homens de boa-vontade; oferecei a luz aos que a procuram, porque com os que crêem não sereis bem-sucedidos; não façais violência à fé de ninguém, muito mais quanto ao clero que aos seculares, porque semeareis em campos áridos; ponde a luz em evidência, para que a vejam os que quiserem ver; mostrai os frutos da árvore e deles dai de comer aos que têm fome e não aos que se dizem saciados". (*Id. ibidem*, p. 36.)

"Se o Espiritismo é uma falsidade, ele cairá por si mesmo; se, porém, é uma verdade, não há diatribe que possa fazer dele uma mentira."

o crítico

" Que juízo formaríeis de um homem que, sem conhecimento de literatura, sem ter estudado a pintura, se erigisse em censor de uma obra literária ou de um quadro? E de lógica elementar que o crítico conheça, não superficialmente, mas, a fundo, aquilo de que fala, sem o que, sua opinião não tem valor. Para combater um cálculo é necessário opor-se-lhe outro cálculo, o que exige saber calcular. O crítico não se deve limitar a dizer que tal coisa é boa ou má; é preciso que justifique a opinião por uma demonstração clara e categórica, baseada sobre os princípios da arte ou ciência a que pertence o objeto da crítica. Como poderá fazê-lo, quando não conhecer esses princípios? Não tendo idéia da mecânica, podereis apreciar as qualidades, ou os defeitos de determinada máquina? [...] É somente por extensão que a palavra *criticar* se tornou sinônima de censurar; em sua acepção própria e segundo a etimologia, ela significa *julgar*, apreciar. A crítica pode, pois, ser aprobativa ou desaprobativa. Fazer a crítica de um livro não é necessariamente condená-lo; quem empreende essa tarefa, deve fazê-lo sem idéias preconcebidas; porém, se antes de abrir o livro, já o condena em pensamento, o exame não pode ser imparcial."

V. — Falais do exame dos livros em geral; acreditais que seja materialmente possível a um jornalista ler e estudar todos os que lhe passam pelas mãos, sobretudo quando se ocupam com teorias novas, que lhe seria preciso aprofundar e verificar? Seria o mesmo que exigir de um impressor que ele lesse todas as obras saídas de sua prensa.

A. K. — A tão judicioso raciocínio não tenho outra resposta a dar senão que, quando nos falta o tempo para fazer conscienciosamente uma coisa, é melhor não fazê-la; é preferível produzir um só trabalho bom a fazer dez maus.

(O que é o espiritismo, pp. 55-57.)

charlatães

"A.K. – Por sua novidade e mesmo por sua natureza, o Espiritismo se presta a abusos; ele, porém, fornece os meios para que os reconheçam, definindo claramente seu verdadeiro caráter e afastando de si toda a solidariedade com aqueles que o viriam a explorar ou desviar do seu fim exclusivamente moral, para transformá-lo em meio de vida, em instrumento de adivinhação ou de investigações fúteis.

V. – Não acrediteis que minha opinião se tenha formado levianamente. Vi mesas girarem e produzirem sons como de pancadas; vi pessoas escreverem o que, segundo diziam, lhes ditavam os Espíritos; estou, porém, convencido de que nisso há charlatanismo.

A. K. — Quanto vos cobraram para mostrar-vos essas coisas?

V. — Nada, por certo.

A. K. — Ora, aí tendes charlatães de uma espécie singular, que vão reabilitar o nome da sua classe. Até ao presente não se tinha ainda visto charlatães desinteressados."

(*Id. ibidem*, pp. 58-59.)

"O Espiritismo prende-se a todos os ramos da Filosofia, da Metafísica, da Psicologia e da Moral; é um campo imenso que não pode ser percorrido em algumas horas."

(*Id. ibidem*, p. 65.)

"Se adotei os termos espírita, espiritismo, é porque eles exprimem, sem equívoco, as idéias relativas aos Espíritos. Todo espírita é necessariamente espiritualista, mas nem todos os espiritualistas são espíritas."

(*Id. ibidem*, p. 67.)

O sobrenatural desaparece à luz do facho da Ciência, da Filosofia e da Razão

"Uma idéia só é supersticiosa quando falsa; mas cessa de o ser desde que passe a ser uma verdade reconhecida.

A questão está em saber se os Espíritos se manifestam, ou não; ora, isso não pode ser tachado de superstição, antes de ficar provado que não existem Espíritos. Direis: a minha razão não aceita essas comunicações; porém, os que crêem e que não são nenhuns mentecaptos invocam também as suas razões e, além disso, os fatos; para que lado se deve pender? O grande juiz, nesta questão, é o futuro – como tem sido em todas as questões científicas e industriais classificadas como absurdas e impossíveis em sua origem. (*Id. ibidem*, p. 74.)

O sobrenatural desaparece à luz do facho da Ciência, da Filosofia e da Razão, como os deuses do paganismo ante o brilho do Cristianismo. Sobrenatural é tudo o que está fora das leis da Natureza. O positivismo nada admite que escape à ação dessas leis; mas, porventura, ele as conhece a todas?

Em todos os tempos foram reputados sobrenaturais os fenômenos cuja causa não era conhecida; pois bem: o Espiritismo vem revelar uma nova lei, segundo a qual a conversação com o Espírito de um morto é um fato tão natural, como o que se dá por intermédio da eletricidade, entre dois indivíduos separados por uma distância de cem léguas; o mesmo acontece com os outros fenômenos espíritas."

"O Espiritismo, pois, não é uma criação moderna; tudo prova que os antigos o conheciam tão bem, ou talvez melhor que nós; somente ele não era ensinado, senão com precauções misteriosas que o tornavam inacessível ao vulgo, abandonado de propósito no lamaçal da superstição."

"a sua teoria do futuro repousa sobre bases positivas e racionais"

"O Espiritismo repudia, nos limites do que lhe pertence, todo efeito maravilhoso, isto é, fora das leis da Natureza; ele não faz milagres nem prodígios, antes explica, em virtude de uma dessas leis, certos efeitos, demonstrando, assim, a sua possibilidade. Ele amplia, igualmente, o domínio da Ciência, e é nisto que ele próprio se torna uma ciência; como, porém, a descoberta dessa nova lei traz conseqüências morais, o código das conseqüências faz dele, ao mesmo tempo, uma doutrina filosófica. Deste último ponto de vista, ele corresponde às aspirações do homem, no que se refere ao seu futuro; e como a sua teoria do futuro repousa sobre bases positivas e racionais, ela agrada ao espírito positivo do nosso século." (*Id. ibidem*, p. 75.)

V. — O senhor tinha razão de dizer que das mesas giratórias e falantes saiu uma doutrina filosófica, e longe estava eu de suspeitar as conseqüências que surgiram de um fato encarado como simples objeto de curiosidade. Agora vejo quanto é vasto o campo aberto pelo vosso sistema.

A. K. — Nisso vos contesto, caro senhor; dais-me subida honra atribuindo-me esse sistema quando ele não me pertence.
Ele foi totalmente deduzido do ensino dos Espíritos. Eu vi, observei, coordenei e procuro fazer compreender aos outros aquilo que compreendo; esta é a parte que me cabe.
Há entre o Espiritismo e outros sistemas filosóficos esta diferença capital; que estes são todos obra de homens, mais ou menos esclarecidos, ao passo que, naquele que me atribuís, eu não tenho o mérito da invenção de um só princípio.
Diz-se: a filosofia de Platão, de Descartes, de Leibnitz; nunca se poderá dizer: a doutrina de Allan Kardec; e isto, felizmente, pois que valor pode ter um nome em assunto de tamanha gravidade?
O Espiritismo tem auxiliares de maior preponderância, ao lado dos quais somos simples átomos.

(*Id. ibidem*, pp. 119-120.)

dedico esta obra
a Léon Denis,
aos meus pais
e a você

obrigado,
Irene, Isis
e amigos

feito em Paris
no ano de 1999
por
e d s o n   a u d i

PRINCIPAIS REFERÊNCIAS BIBLIOGRÁFICAS:

Kardec, Allan. O céu e o inferno ou a justiça divina segundo o espiritismo. Federação Espírita Brasileira, 25ª edição, Rio de Janeiro, 1978.

_________. O evangelho segundo o espiritismo. Federação Espírita Brasileira, 115ª edição, Rio de Janeiro, 1998.

_________. A Gênese, os milagres e as predições segundo o espiritismo. Federação Espírita Brasileira, 21ª edição, Rio de Janeiro, 1979.

_________. O livro dos espíritos. Federação Espírita Brasileira, 54ª edição, Rio de Janeiro, 1981.

_________. O livro dos médiuns. Federação Espírita Brasileira, 64ª edição, Rio de Janeiro, 1999.

_________. Obras póstumas. Federação Espírita Brasileira, 17ª edição, Rio de Janeiro, 1978.

_________. O que é o espiritismo. Federação Espírita Brasileira, 36ª edição, Rio de Janeiro, 1993.

Revue spirite. Paris, 1858 a 1869.

Sausse, Henri. "Biografia de Allan Kardec". In: O que é o espiritismo. Federação Espírita Brasileira, 36ª edição, Rio de Janeiro, 1993.

Wantuil, Zêus. As mesas girantes e o espiritismo. Federação Espírita Brasileira, 1ª edição, Rio de Janeiro, 1958.

_________ e Thiesen, Francisco. Allan Kardec. Volumes I, II e III. Federação Espírita Brasileira, 3ª edição, Rio de Janeiro, 1982.

Sur le pas de Pestalozzi. Centre Pestalozzi. Yverdon.

Lettres des enfants Julliens. Centre Pestalozzi. Yverdon.

Documentos existentes, conforme cópia disponível no ICESP, em São Paulo.

Direitos de publicação cedidos pelo autor
ao Instituto Lachâtre
Rua Madre Cândida Maria de Jesus, 112
CEP 12912-370 – Bragança Paulista – SP
Caixa Postal 164 – CEP 12914-970
Tel. (55 11) 4063-5354
e-mail: lachatre@lachatre.org.br

FOTOGRAFIA E PROJETO GRÁFICO
Edson Audi

REVISÃO
Cristina da Costa Pereira

GRÁFICA
Assahi Gráfica e Editora Ltda.

3ª edição – Março de 2014
2° reimpressão - 7.000 exemplares
210 anos de nascimento de Allan Kardec

Agradecemos à
Federação Espírita Brasileira
pela gentil autorização para transcrever
trechos das obras de sua publicação.

CIP-Brasil. Catalogação na fonte

A911v Audi, Edson, 1958-
Vida e obra de Allan Kardec / Edson Audi – Bragana Paulista, SP : Lachâtre, 2013.
120p.: il. (fotos)

1. Kardec, Allan ,1804-1869 – biografia. 2.Espiritismo. I.Título.

CDD 929.81 CDU 929:133.7(81)
133.9 133.7

Impresso no Brasil
Presita en Brazilo